A vida em comum

FUNDAÇÃO EDITORA DA UNESP

Presidente do Conselho Curador
Mário Sérgio Vasconcelos

Diretor-Presidente
José Castilho Marques Neto

Editor-Executivo
Jézio Hernani Bomfim Gutierre

Superintendente Administrativo e Financeiro
William de Souza Agostinho

Assessores Editoriais
João Luís Ceccantini
Maria Candida Soares Del Masso

Conselho Editorial Acadêmico
Áureo Busetto
Carlos Magno Castelo Branco Fortaleza
Elisabete Maniglia
Henrique Nunes de Oliveira
João Francisco Galera Monico
José Leonardo do Nascimento
Lourenço Chacon Jurado Filho
Maria de Lourdes Ortiz Gandini Baldan
Paula da Cruz Landim
Rogério Rosenfeld

Editores-Assistentes
Anderson Nobara
Jorge Pereira Filho
Leandro Rodrigues

Tzvetan Todorov

A vida em comum
Ensaio de Antropologia geral

Tradução
Maria Angélica Deângeli
Norma Wimmer

© Éditions du Seuil, 1995
© 2013 Editora Unesp

Título original:
La vie commune: Essai d'anthropologie générale

Direitos de publicação reservados à:
Fundação Editora da Unesp (FEU)
Praça da Sé, 108
01001-900 – São Paulo – SP
Tel.: (0xx11) 3242-7171
Fax: (0xx11) 3242-7172
www.editoraunesp.com.br
www.livrariaunesp.com.br
feu@editora.unesp.br

CIP – Brasil. Catalogação na publicação
Sindicato Nacional dos Editores de Livros, RJ

T572v

Todorov, Tzvetan, 1939-
A vida em comum: ensaio de Antropologia geral / Tzvetan Todorov; tradução Maria Angélica Deângeli, Norma Wimmer. – 1.ed. – São Paulo: Editora Unesp, 2014.

Tradução de: *La vie commune: Essai d'anthropologie générale*
ISBN 978-85-393-0506-3

1. Literatura – Filosofia. 2. Literatura – História e crítica. I. Título.

14-09273
CDD: 801
CDU: 82.0

Editora afiliada:

Asociación de Editoriales Universitarias
de América Latina y el Caribe

Associação Brasileira de
Editoras Universitárias

Para François Flahault

Sumário

Prefácio . 9

I. Um olhar sobre a história do pensamento . 15
   As tradições associais . 15
   A descoberta e sua redução . 26
   Sobrevivências modernas . 50

II. Ser, viver, existir . 77
   Além da pulsão de morte . 77
   Os três estágios . 84
   A origem dos indivíduos . 94

III. O reconhecimento e seu destino . 115
   Modalidades . 115
   Estratégias de defesa social . 129
   Obter a sanção . 132

Um reconhecimento de substituição . *138*
   Renúncias . *144*
   Alternâncias . *157*

IV. Estrutura da pessoa . *163*
   Multiplicidade interna . *163*
   Um encontro em Montjouvain . *167*
   O grupo mínimo . *175*

V. Coexistência e realização . *197*
   A realização de si mesmo . *197*
   A linha tênue . *202*

Referências bibliográficas . *213*

Índice onomástico . *221*

Prefácio

A Antropologia, tal como vem sendo praticada em nossos dias, nunca é geral: ela tem por objeto as próprias sociedades ou sua cultura. No entanto, a palavra pode também ser tomada em seu sentido literal de "conhecimento do homem" para designar o conceito que temos acerca do ser humano e que estaria subjacente às diversas explorações das ciências humanas assim como aos discursos morais ou políticos, ou, ainda, à filosofia. É a esta Antropologia que remete o presente ensaio.

A Antropologia geral situa-se a meio caminho entre as ciências humanas e a Filosofia, sem se opor a esta ou às outras, constituindo, antes, uma ponte que permite uni-las ou um espaço intermediário que facilita sua articulação. Distingue-se de disciplinas como a psicologia, a sociologia ou a etnologia porque em vez de concentrar-se na observação de determinada forma ou de determinado aspecto das atividades humanas, procura trazer à luz para a definição implícita do próprio humano, as intuições não formuladas por estas ciências. Ela não prejulga, como poderia ser imaginadoà primeira vista, a importância relativa dos traços idênticos e dos traços variáveis no seio da espécie, privilegiando os primeiros, negligenciando os segundos. A própria ideia de diferenças, entre sociedades ou entre indivíduos, implica um conjunto de propriedades que torna a comparação e a busca de diferenças fértil ou simplesmente possível. É verdade, no entanto, que a Antropologia geral nos incita a nos liberar do jargão próprio de cada disciplina, ou de cada segmento no interior da disciplina, jargão cujo domínio parece, por vezes, ser o único objetivo daqueles que o utilizam. Procurando extrair o que é comum a campos de investigação distintos, a Antropologia é, fatalmente, levada à busca, também, de uma linguagem comum.

A Antropologia geral, contudo, distingue-se igualmente daquilo que costumamos designar filosofia (exceção feita ao campo denominado "Antropologia filosófica") por ocupar-se de um objeto empírico, o ser humano, em vez de propor-se a um exame dos princípios e dos prolegômenos, das possibilidades e das impossibilidades do conhecimento, do julgamento ou da própria existência. Ela se sustenta, desta forma, das observações e das descrições encontradas nas ciências humanas, sem contentar-se em ridicularizar as últimas por sua ingenuidade filosófica. É neste sentido que a Antropologia é, ao mesmo tempo, *concreta* e *geral*, e esta dualidade legitima sua urgência hoje.

O campo da Antropologia, compreendido desta forma, é vasto. É para um único de seus domínios que gostaria de voltar-me agora: tratar não do lugar do homem na sociedade, como se faz habitualmente, mas, ao contrário, do lugar que a sociedade ocupa no homem. Na verdade, o que significa o fato

A vida em comum

admitido, de modo geral, de que o homem é um ser social? Quais são as consequências desta constatação, de que não existe *eu* sem *tu*? Em que consiste, para o indivíduo, a exigência de conhecer apenas uma *vida em comum*?

Busquei a matéria de minha reflexão em fontes variadas — tendo em vista que o valor da observação e não o aparato científico ou pseudocientífico do qual ela se cercava me importava.

Esboço, no primeiro capítulo, uma visão sobre a história do pensamento filosófico ocidental — visão que não pretende substituir estudos históricos de base; sirvo-me, aqui, do passado à guisa de ilustração e não para procurar esclarecê-lo. Devo, entretanto, sublinhar de antemão que toda minha reflexão poderia ser apresentada como a exploração de algumas hipóteses audaciosas, formuladas, há cerca de duzentos e cinquenta anos, por Jean-Jacques Rousseau.

Também lancei mão de trabalhos de ciências humanas, mais particularmente daqueles que tratavam da questão que me interessa, do campo da psicologia e da psicanálise. Estas disciplinas, no entanto, não gozam, a meus olhos, de um privilégio qualitativo, como se a ciência nos revelasse a verdade daquilo que não é ela. Mas, antes de ser uma chave que abre todas as fechaduras, estas disciplinas me pareceram ser fechaduras como as outras, discursos a serem interpretados, não o sentido último de todos os discursos. Entre as diferentes correntes e escolas que hoje os constituem, interessaram-me em primeiro lugar, por um lado, a psicologia do desenvolvimento afetivo da criança e, por outro, a psicanálise relacional.

Recorri, mais do que habitualmente, a obras de escritores: poetas, romancistas, autobiógrafos ou ensaístas. Este recurso merece uma explicação um pouco mais detalhada, pois ele pode ser visto como herético tanto pelos especialistas em literatura quanto pelos profissionais das ciências humanas. De fato, para uns como para outros, a literatura nada tem a ver com o conhecimento, assim como a verdade com a criação: puro jogo formal de seus elementos constitutivos, poderia se dizer, a literatura designa-se apenas a si mesma ou, então, desconstrói e barra suas pseudoafirmações; vago reflexo do mundo, acrescentaríamos, ela não se deixa reduzir a proposições suscetíveis de serem refutadas ou confirmadas. Poderíamos dizer a uns e a outros que se a literatura não nos ensinasse alguma coisa essencial sobre a condição humana, não nos preocuparíamos em retomar, por vezes, textos antigos de dois mil anos; e que se a verdade literária não se deixa reduzir aos procedimentos de verificação comuns é porque poderia haver muitos tipos de verificação. A dos textos literários será não estritamente referencial, mas intersubjetiva; ela consistirá na adesão de seus leitores para além das fronteiras dos países ou dos séculos. Esta é razão pela qual Sófocles e Shakespeare, Dostoievski e Proust continuam a satisfazer não apenas nossas aspirações estéticas, mas também nossa necessidade de saber e de compreender.

    O pensamento literário não é apenas digno de ser acolhido entre os discursos do conhecimento; ele tem também méritos particulares. Aquilo que se exprime por meio das histórias ou das formas poéticas foge aos estereótipos que dominam o pensamento de nosso tempo ou a vigilância de nossa própria censura moral, que se exerce, antes de tudo, sobre as asserções que formulamos de forma explícita; as verdades desagradáveis – para o gênero humano ao qual pertencemos, ou para nós mesmos – têm maiores possibilidades de conseguir exprimir-se em uma obra literária do que em uma obra filosófica ou científica.

A vida em comum

O pensamento literário não se presta às demonstrações empíricas ou lógicas, com certeza, mas desencadeia nosso aparelho de interpretação simbólica, nossa capacidade de associação, cujos movimentos, repercussões, ondas de choque, se prolongam muito tempo após o contato inicial; ele o faz por meio de um uso evocador das palavras e pelo recurso às histórias, aos exemplos, aos casos particulares. Neste sentido, as obras são mais inteligentes do que os autores e as interpretações que nós mesmos fazemos delas. Enfim, as obras literárias têm a vantagem de se dirigir a todos, de oferecer a maior inteligibilidade; porque negar-se ao prazer das palavras claras de La Rochefoucauld, embora estas não façam concessão à facilidade, diante do discurso obscuro demonstrado com pedantismo por certos psicanalistas contemporâneos?

Há, finalmente, uma última fonte evidente de conhecimentos antropológicos, que só deve ser mencionada em virtude da corrente pretensamente "objetivista" das ciências humanas atuais; trata-se da introspecção. Jamais teria escrito sobre a "vida em comum" se não fosse uma paixão, se não me parecesse essencial; tentei entender o porquê.

Resta-me reconhecer uma dívida mais particular, a que contraí com meu amigo François Flahault. Há cerca de vinte anos, a vida em comum é o tema mais frequente de nossas conversas, e ele já escreveu vários livros e artigos a respeito. Não saberia dizer com exatidão a parte das ideias que lhe cabe e que exponho em meu nome; sei, no entanto, que ela é grande. Para fazê-lo e para agradecê-lo, dedico-lhe este ensaio.

I
Um olhar sobre a história do pensamento

As tradições associais

Se tomarmos conhecimento das grandes correntes do pensamento filosófico europeu no tocante à definição do que é humano, chegaremos a uma conclusão curiosa: a dimensão social, a vida em comum, não é geralmente concebida como *necessária* ao homem. Entretanto, esta "tese" não se apresenta como tal; ela é, antes, um pressuposto que permanece não formulado e que, por esta mesma razão, impede seu autor de argumentar; assim, a aceitamos mais facilmente. Além disso, ela forma o denominador comum de teorias que, por outro lado, se opõem e se combatem: qualquer que seja o partido que tomamos nesses conflitos, adotamos sempre uma definição solitária, não social, do homem.

As diversas versões desta visão associal são fáceis de perceber. Tomemos, primeiramente, a dos grandes moralistas da época clássica (os que, em vez de pregar a moral, aplicavam-se a analisar os costumes), eles próprios herdeiros dos pensadores da Antiguidade. Ela nos apresenta a humanidade hesitando entre dois estados. Um é a vida real, que é também a das nossas ilusões; o ser humano, certamente, está preso numa rede de relações sociais, mas por fraqueza. O outro estado é o da nossa vida autêntica, mesmo se difícil alcançá-la; nele podemos, rigorosamente, nos aproximar dos deuses, mas, quanto aos outros seres humanos, deles nos afastamos: deixamos bem para trás as agitações superficiais da socialidade. O comércio com os outros homens é um fardo do qual é preciso se livrar; o consentimento demandado ao próximo não passa de uma *vaidade* condenável que só seria tolerada pelo sábio; este aspira à autarcia, à autossuficiência.

Quando Montaigne quer aconselhar seus semelhantes, ele se expressa da seguinte maneira: "Façamos que nosso contentamento dependa de nós, livremo-nos de todos os laços que nos ligam ao outro; adquiramos, sabiamente, capacidade para vivermos sós e de acordo com nossa vontade."[1] "Abandone com as outras volúpias a que vem da aprovação do outro".[2] Portanto, é, ao mesmo tempo, possível e digno de louvor liberar-nos das relações com os outros seres humanos, notadamente, da demanda de aprovação que lhes dirigimos: esta é a sabedoria estoica transmitida aqui por Montaigne. La Bruyère procede de forma semelhante quando constata, lamentosamente, que "o homem parece às vezes não bastar-se a si próprio"?[3] No entanto, felizmente, essas restrições não se aplicam sempre nem por

---

1 Montaigne, *Essais*, I, 39, p.240.
2 Ibid., p.247.
3 La Bruyère, De l'homme, *Les Caractères*, p.100.

A vida em comum

toda a parte: outras vezes, superando suas ilusões, o homem acaba por atingir o ideal de autossuficiência. Pascal, cuja ótica global é bem diferente, partilha, no entanto, a mesma concepção do homem. "Não nos contentemos", ele escreve, "com a vida que temos em nós e em nosso próprio ser: queremos viver, segundo o pensamento dos outros, uma vida imaginária e nos esforçarmos para fazê-lo."[4] Lamentando, Pascal constata: não sabemos nos bastar a nós mesmos; melancolicamente, ele nos observa entregues a um divertimento social perpétuo. A socialidade é o real, mas o ideal, também verdade profunda de nosso ser, é a solidão: esta é a primeira grande versão da concepção individualista que subjaz a nossas representações da vida humana.

No entanto, esta não é a versão dominante. A oposição entre ideal e real, entre solidão e socialidade é, normalmente, de outra natureza. De fato, desde o Renascimento, deixamos de associar a "natureza" ao "ideal" e a descobrimos, antes, no que designaremos real. A mudança de perspectiva ocorre, simultaneamente, em teoria política e em psicologia, e os mesmos autores são responsáveis por isso (Maquiavel e Hobbes tornaram-se os emblemas deste pensamento). De acordo com a nova vulgata (embora quase não se trate de uma novidade radical: a sabedoria das nações ensina, há séculos, que o homem é lobo para o homem), somente em aparência, e para concordar com as exigências da moral oficial, o homem se ocupa dos outros; na verdade, ele é um ser puramente egoísta e interessado, para quem os outros homens são apenas rivais e obstáculos. Se ele não estivesse sujeito a poderosas exigências, as da sociedade

---

4 Pascal, *Pensées*, p.147.

e as da moral, o homem, ser essencialmente solitário, viveria em guerra perpétua com seus semelhantes, numa busca desenfreada pelo poder. O que Montaigne e La Bruyère consideram um ideal – a autossuficiência e a autarcia – é a realidade do homem, mas trata-se de uma realidade ameaçada. A sociedade e a moral vão contra a natureza humana; elas impõem as regras da vida em comum a um ser essencialmente solitário. Esta concepção do homem, a concepção imoralista, prevaleceu sobre a dos moralistas; e, hoje, é ainda ela que intervém nas teorias psicológicas e políticas mais influentes.

Tendo constatado que o homem é por natureza um ser, ao mesmo tempo, solitário e egoísta, podemos nos engajar em duas direções opostas: combater a natureza ou, ao contrário, exaltá-la. La Rochefoucauld, primeiro grande representante francês desta visão do homem, prefere o combate: a vida em sociedade restringe o apetite imoderado dos homens e lhes impõe o aprendizado da reciprocidade; o ideal social é preferível ao real egoísta. No entanto, quanto à própria natureza humana, La Rochefoucauld não hesita: o homem é dominado pelo amor-próprio (aqui, sinônimo do amor egoísta de si mesno), ou ainda pelo interesse, termo tomado em sentido amplo, mas sempre limitado à perspectiva do sujeito desejante. Mesmo se julgarmos a polidez e a subserviência como preferíveis à avidez e à arrogância, é necessário começar a abrir os olhos: todos os bons sentimentos aparentes são apenas máscara e disfarce. "Só podemos amar o que nos diz respeito."[5] "Somente o interesse faz nascer a amizade."[6] O eu é detestável, acrescenta Pascal,

---

5 La Rochefoucauld, *Maximes*, p.81.
6 Ibid., p.85.

A vida em comum

por uma dupla razão: "Ele é injusto em si mesmo, no sentido em que se torna centro de tudo; ele é incômodo aos outros, na medida em que quer sujeitá-los: pois cada *eu* é o inimigo e desejaria ser o tirano de todos os outros".[7] Podemos observar em La Rochefoucauld (ou, antes dele, em Hobbes) o funcionamento de um dispositivo de argumentação que se manterá quase intacto durante séculos. Em um primeiro momento, fazemos como se todas as relações sociais se reportassem a qualidades louváveis, à generosidade, ao amor pelo outro; dito de outra maneira, interpretamos a oposição entre solidão e socialidade como equivalente àquela entre egoísmo e altruísmo, o que é, evidentemente, abusivo. Então, em um segundo momento, tentamos nos desiludir, arrancamos a máscara da virtude. Este gesto é ainda mais convincente a nossos olhos na medida em que parece não ter nada de lisonjeiro (ora, nós nos dizemos inconscientemente, não afirmaríamos uma coisa desagradável a menos que ela fosse verdadeira). Desta forma, tendo rejeitado uma visão por demais generosa do homem, conservamos a ideia de um ser solitário e egoísta. A socialidade é virtuosa, mas a virtude é enganadora; portanto, a verdade é associal. La Rochefoucauld conclui: "Os homens não viveriam muito tempo em sociedade se não enganassem uns aos outros."[8]; e Pascal: "A união que existe entre os homens é fundada neste logro mútuo."[9] Acreditamos, sem razão, que os outros desejam o nosso bem; se nos tornássemos lúcidos a sociedade desapareceria!

---

7 Pascal, *Pensées*, p.455.
8 La Rochefoucauld, *Maximes*, p.87.
9 Pascal, *Pensées*, p.100.

Mas não ocorreria, aqui, uma demonstração, pelo absurdo, da falsidade das premissas? O julgamento moral, a identificação dos vícios e virtudes, parece ter contaminado a concepção antropológica subjacente. Quando La Rochefoucauld declara que apenas o interesse faz nascer a amizade, ele vê nisto um excesso: sua máxima, ele sugere, com razão, deveria aplicar-se a outras relações, aparentemente menos desinteressadas do que a amizade. Além de insuficiente, tal explicação da amizade submete completamente o outro a meus próprios interesses, tornando seu apego pouco valioso para mim. Mais fundamentalmente, a fórmula de La Rochefoucauld implica a existência de um eu autônomo e interessado, *anterior* a qualquer vida social, uma espécie de proprietário que aspira apenas à acumulação de riquezas, como se as relações com as pessoas pudessem ser compreendidas pelas referências às relações que nos ligam às coisas. Ora, a relação com o outro não é um produto dos interesses do eu, ela é anterior tanto ao interesse quanto ao eu. Não cabe perguntar, à maneira de Hobbes: por que os homens escolhem viver em sociedade? Ou de Schopenhauer: de onde vem a necessidade de sociedade? Porque os homens nunca efetuam tal passagem à vida em comum: a relação precede o elemento isolado. Eles não vivem em sociedade por interesse, por virtude, ou pela força de qualquer outra razão; fazem-no porque não há para eles outra forma de existência possível.

Encontramos quase a mesma concepção do homem em Kant, grande moralista, mas psicólogo contestável. O antagonismo fundamental da espécie humana reside, de acordo com Kant, em sua "insociável socialidade", em suas tendências contraditórias de buscar a sociedade e de fugir da mesma. No entanto, se a primeira tendência permite realizar o que há de melhor no homem (ela está do lado do ideal, do destino do gênero humano, é um princípio regulador), a segunda é aquela que nos diz sua verdade interior, sua inclinação natural; "é o caráter insociável que ele tem de fazer tudo apenas de acordo com seu ponto de vista; consequentemente, ele espera resistências de todas as partes e, por seu lado, mostra-se propenso a resistir aos outros".[10] Do ponto de vista do indivíduo, os outros são apenas rivais ou obstáculos à sua própria ascensão; ele deseja então o desaparecimento dos outros. Os homens ficam dilacerados entre sua aspiração ao poder ilimitado, não partilhado com os outros, e sua incapacidade de se privar da sociedade, resultado de sua fraqueza. "Aquele que só é feliz em função da escolha do *outro* (em detrimento de toda benevolência deste) sente-se, certamente, infeliz."[11]

Esta imagem do homem leva Kant a uma interpretação bastante estranha do choro do recém-nascido. Não é uma aspiração natural dos homens manter os outros afastados de si, mesmo se para isso fosse necessário lhes declarar guerra? "E mesmo a criança, diferentemente dos outros animais, mal tendo saído do ventre materno, parece entrar neste mundo chorando por esta única razão; ela considera um *obstáculo* sua incapacidade de utilizar seus membros e, imediatamente, proclama sua pretensão à liberdade."[12] Se o recém-nascido chora, não é para pedir o complemento necessário à sua vida e à sua existência, é para protestar contra a sua dependência em

---

10 Kant, *Idée d'une histoire universelle au point de vue cosmopolitique*, p.192.
11 Id., *Anthropologie du point de vue pragmatique*, p.1084.
12 Ibid., p.1084-5.

relação ao outro: o homem nasce sujeito kantiano aspirando à liberdade!

Quando Kant descreve detalhadamente a paixão humana central, a que conduz o homem a tomar o poder, a dominar os outros, ele distingue três modalidades, de acordo com o objeto ao qual ela se aplica: *Ehrsucht, Herrschsucht, Habsucht* – sede de honras, sede de dominação, sede de bens (ou cobiça). Mas se esta última variedade inscreve-se no modelo econômico da acumulação, se a segunda compreende todos os seres humanos como servos (ou escravos) potenciais, o mesmo não acontece com a primeira, a febre de honras. O próprio das honras (no plural) é que elas nos devem ser concedidas por outros que não nós mesmos, por aqueles que estão habilitados a fazê-lo; esses outros não podem então ser reduzidos ao papel de rivais ou de obstáculos que, como nós, aspiram às mesmas distinções. O outro é, aqui, ao mesmo tempo, irredutivelmente, diferente de si e complementar. Isso também não acontece em muitas outras relações sociais, de amizade ou de aprendizado, e mesmo na relação do recém-nascido com sua mãe?

La Rochefoucauld também, temendo a extensão excessiva de seu princípio explicativo, apressa-se em precisar, em *"Avis au lecteur"*, na segunda edição de *Maximes* [Máximas]: "Pela palavra *Interesse* nem sempre compreendemos um interesse por bens, mas, mais frequentemente, um interesse por honra e glória",[13] o que é muito correto, mas que subtrai muito da radicalidade do propósito inicial: se o estímulo principal da atividade humana não é o desejo de bens semelhantes aos bens materiais, à satisfação egoísta, mas a aspiração à glória e às honras, como

---

13 La Rochefoucauld, Avis au lecteur, *Maximes*.

poderia o homem se privar dos outros, que são seus únicos provedores possíveis? La Rochefoucauld interessa-se apenas por nossas paixões sociais e sugere, no entanto, que o homem essencial e primeiro é um ser solitário: certamente, não podemos nos privar dos outros, mas isso por interesse egoísta. Os casos particulares tratados por La Rochefoucauld assim como por Kant, no entanto, abalam o próprio quadro geral de interpretação – mesmo porque este quadro nunca foi objeto de uma afirmação explícita; sem isso, quem acreditaria que a rivalidade ou a submissão esgotam a variedade das relações humanas?

Se, nesta primeira versão da concepção segundo a qual o homem é um ser egoísta e solitário, nos colocamos do lado da moral (é preciso superar suas inclinações, ensina Kant), numa segunda versão, que data o mais tardar do século XVIII, sugere-se que é melhor calcar o ideal sobre o real, em vez de opor um ao outro; a concepção psicológica do homem não é, no entanto, modificada por esta escolha. Esta será muitas vezes a posição dos enciclopedistas-materialistas, Helvétius, Diderot, d'Holbach e, de maneira mais excessiva, Sade. Helvétius, em *De l'esprit*, repete, seguindo La Rochefoucauld, que o interesse governa a conduta dos homens – mas, diferentemente de seu predecessor, não deplora tal fato. Diderot, adepto desta doutrina, acrescenta: "O que constitui o homem o que ele é [...] deve fundar a moral que lhe convém",[14] dito de outra maneira, o ideal deve submeter-se ao real. E Sade conclui: "Não tenham outro freio que não o de suas aspirações, outras leis que não as dos seus desejos, outra moral que não a da natureza."[15]

---

14 Diderot, *Supplément au voyage de Bougainville*, p.505.
15 Sade, *La Philosophie dans le boudoir*, V, p.243.

Nietzsche é crítico com relação aos seus predecessores dos séculos XVII e XVIII e não deixa de partilhar sua concepção do homem. Ele só sente desprezo por seus contemporâneos burgueses, que esqueceram toda preocupação com a glória e a excelência e se contentam em viver protegidos e saciados; no entanto, seu ideal, o super-homem, é, por sua vez, um ser que aspira à solidão. No lugar do amor-próprio e do egoísmo de La Rochefoucauld encontramos a "moral dos senhores" que contém, em seu cerne, a vontade de poder.

Imagino que todo corpo específico aspire se tornar senhor de todo o espaço e estender sua força (sua vontade de poder), rechaçar tudo o que resiste à sua expansão. Mas ele cede, incessantemente, às aspirações semelhantes de outros corpos e acaba por se associar (se "aliar") aos que são iguais: eles aspiram juntos conquistar o poder.[16]

O ser humano, não distinto nisto dos outros seres vivos, almeja dominar; os outros, seus semelhantes, são apenas rivais, ou, então, colaboradores, se a tarefa não estiver à altura de um só. Mas os melhores vencem: "Os ricos e os vivos desejam a vitória, os adversários vencidos, a extensão do sentimento de poder sobre novos domínios."[17]

Nietzsche apresenta uma psicologia estranhamente igualitária: todos os homens são iguais e disputam o mesmo lugar; então, ou eles são meus adversários ou meus colaboradores, ou (em caso de vitória) submissos, meus servos. Tudo se passa

---

16 Nietzsche, *La Volonté de puissance*, p.300.
17 Ibid., p.303.

como se, sob condição de poder superar os freios que nos impõem uma moral convencional destinada a proteger os fracos, uma moral de cordeiros, nos apressássemos para reinar como senhores solitários. Mas esta é, de fato, a regra da conduta humana? Não haveria o infortúnio do tirano? O papel que desempenham, aqui, as noções de honra e de glória merece atenção. Na verdade, elas implicam uma referência obrigatória à socialidade e, por outro lado, estão presentes, com frequência, numa reflexão sobre o homem, tanto entre os Antigos quanto entre os Modernos. No entanto, o que também é digno de atenção é o fato de que, apesar da profunda mudança de atitudes com relação a si, o desejo de honras e de glória é sempre considerado facultativo, uma aspiração da qual poderíamos nos privar. Para os Antigos, trata-se de destacar no homem sua melhor parte: Aquiles prefere a morte gloriosa à vida sem brilho. Mas, justamente, esta virtude não está presente em todos, apenas nos melhores: é um ideal, não uma necessidade vital.

Para os Modernos, ao contrário, começando por Hobbes, o desejo de glória e de honras é fonte de nossos males; é preciso aprender a domesticá-lo, a submetê-lo a interesses mais essenciais: a paz social vale mais do que a glória dos heróis. Os filósofos do Iluminismo, Montesquieu, Kant, deplorarão nossa aspiração à glória, esta paixão incontrolável, sobrevivência arcaica do código feudal. Na opinião deles, então, podemos nos privar desse desejo; agora, apenas os melhores obtêm êxito. Esta é a razão pela qual, quando Hobbes ou La Rochefoucauld pregam a boa socialidade como remédio contra nosso egoísmo fundamental, eles não tratam do desejo de glória e de honras, este último tendo passado para o lado das aspirações egoístas das quais é preciso se liberar. *Ehrsucht* figura apenas na série de *Habsucht* e *Herrschsucht* e não é mais do que uma espécie do gênero "interesse egoísta". (Nietzsche, ao contrário, deplora o declínio moderno da aspiração à glória, prova suplementar da mediocridade propagada pelas novas democracias.) Na época contemporânea, aconselhamos, novamente, de bom grado, o indivíduo a cuidar de suas próprias tarefas, preocupar-se com o seu desenvolvimento interior em vez de se aniquilar numa vã corrida pelo prestígio – como se o eu pudesse existir sem referência ao exterior, como se a vaidade e o egocentrismo partilhassem, sem mais, o campo da intersubjetividade.

A descoberta e sua redução

Certamente, seria incorreto afirmar que esta visão associal corresponde a todas as concepções de homem existentes na tradição da psicologia ocidental. Com certeza, esta visão prevalece, mas não é a única. Podemos evocar as tendências "solitárias" da filosofia clássica, mas ela também apresenta tendências "sociais". Ainda que a autarcia continue sendo o ideal do sábio, os filósofos gregos acreditam também que o homem é um animal social, que deve viver com seus semelhantes e se desenvolver na cidade. A tensão entre as duas afirmações, frequentemente, é resolvida pela aceitação de vários "gêneros de vida", todos louváveis, ainda que possam ser hierarquizados: neste sentido, teríamos uma vida prática, ou ativa, vivida em sociedade, acessível ao homem comum; e uma vida contemplativa, solitária, que convém, particularmente, ao sábio. Entretanto, embora reconhecendo o fato primordial da pluralidade humana, os filósofos gregos, de modo geral, não veem uma multiplicidade de *tu* diferentes do *eu* e, no entanto, necessários à sua completude; a diferença de posição entre *eu* e *outro* não é tematizada. A simpatia natural existente entre os homens é a do semelhante para com o semelhante. Os outros são necessários para que a virtude possa manifestar-se (Aristóteles: "Para nós, o bem implica uma relação com o outro"),[18] não porque todo sujeito particular seria, sem eles, incompleto. A amizade também é um mérito mais do que uma necessidade. Cícero é ainda mais explícito: "A natureza nos deu a amizade para permitir à virtude – que em um só homem não pode ser perfeita – associar-se ao outro e tender, assim, à perfeição."[19]

Aristóteles também deixou esta conhecida frase: "O homem incapaz de ser membro de uma comunidade, ou que não experimente absolutamente a necessidade de sê-lo porque basta-se a si mesmo, não integra, de modo nenhum, a cidade, e, consequentemente, é um selvagem ou um deus."[20] Os animais e os deuses são autossuficientes; portanto, podem ser imaginados sós; quanto ao homem, ele é, irremediavelmente, incompleto e tem necessidade dos outros. Entretanto, percebe-se, claramente, que os outros são necessários ao indivíduo como um meio natural e não para assumir uma ou outra função específica. A relação que Aristóteles pretende é a copresença dos indivíduos no seio de uma cidade, e não a complementaridade daquele que olha e daquele que é olhado. No mito de Aristófanes, relatado por Platão em *Le Banquet* [*O Banquete*], o ser humano precisa da "metade complementar"[21] (*symbolon*) de um outro

---

18 Aristóteles, *Éthique à Eudème*, p.1245b.
19 Cícero, *De l'amitié*, p.70.
20 Aristóteles, *Politique*, p.1253a.
21 Platão, *Le Banquet*, p.191d.

ser; ele é, portanto, intrinsecamente incompleto; esta complementaridade, no entanto, mais explica a atração sexual do que fundamenta a vida em comum: a imbricação do sexo masculino no sexo feminino torna-se a imagem da completude desejada. O próprio Platão postula a presença do ardor, *thymos*, como um componente da alma e o representa associado à paixão pelas honras, ao amor pelo triunfo; mas ele não observa que apenas os outros podem nos conceder esta recompensa. Quanto aos estoicos, estes constatam a onipresença da vaidade, acreditando ser possível dela libertar-se.

Negligenciando alguns sinais precursores do que vai acontecer depois, podemos afirmar que assistimos a uma verdadeira revolução em meados do século XVIII, quando Jean-Jacques Rousseau formula, pela primeira vez, uma nova concepção do homem como um ser que *precisa dos outros*. É necessário ainda acrescentar que dois traços do discurso de Rousseau confundiram um pouco sua mensagem, impedindo, por vezes, a apreensão de seu alcance. O primeiro é que sua Antropologia filosófica, apresentada em *Discours sur l'origine de l'inégalité* [Discurso sobre a origem e os fundamentos da desigualdade entre os homens], toma a forma de um relato histórico, ainda que Rousseau nos advirta acerca de toda projeção de suas construções mentais na história. O "estado de natureza" por ele imaginado, conforme afirmado já no início do *Discours*, é "um estado que não mais existe, que talvez nunca tenha existido, que provavelmente jamais existirá, e a respeito do qual é, no entanto, preciso ter noções corretas para julgar, convenientemente, nosso estado presente".[22] Temos, sempre, dificuldade em recordar que os primeiros "es-

---

22 Rousseau, *Discours sur l'origine de l'inégalité*, p.123.

tágios" da humanidade imaginados por Rousseau, provenham unicamente de "raciocínios hipotéticos e condicionais"[23] e que a única humanidade real é a humanidade presente.

A segunda dificuldade decorre do fato de o homem Rousseau ser dominado por um temperamento suscetível e desconfiado, de ele julgar-se perseguido e, portanto, frequentemente preferir a solidão à companhia – uma solidão muito mais desejada em sua época, por ser infinitamente menos acessível do que hoje. Mas essa predileção pessoal pelo isolamento não se confunde, no espírito de Rousseau, com uma afirmação doutrinal da solidão essencial do homem. Rousseau torna explícita a distância entre a regra geral (as recomendações dirigidas a Emílio) e a exceção (seu próprio destino); e, nos *Dialogues* [Diálogos], após ter-nos entretido com suas preferências solitárias, insiste em lembrar que: "A solidão absoluta é um estado triste e contrário à natureza."[24] É preciso, portanto, afastar tudo aquilo que confunde nossa percepção do pensamento de Rousseau: será revelada, então, toda a sua audácia.

Rousseau, entretanto, percorre parte do caminho em companhia daqueles que designei, aqui, "moralistas" (na tradição de Montaigne), condenando a vida em sociedade e apresentando, sob uma ótica favorável, a solidão do indivíduo. Para tanto, ele faz uso da distinção terminológica entre "amor de si" e "amor próprio". A primeira noção é positiva: trata-se do simples instinto de conservação, indispensável a qualquer ser; anterior às atitudes morais, situado, entretanto, do lado das virtudes (das quais, modificado pela piedade, ele formará a base), não do

---
23 Ibid., p.133.
24 Rousseau, *Dialogues*, p.813.

egoísmo. A segunda é marcada negativamente por Rousseau: trata-se de um sentimento existente apenas em sociedade e que consiste em nos compararmos aos outros, em nos julgarmos superiores a eles e em desejá-los inferiores. O amor-próprio de Rousseau não é, portanto, o mesmo de La Rochefoucauld, para quem esta noção se confunde com o amor de si e corresponde, antes, ao que os outros moralistas designam vaidade: dependermos do julgamento dos outros. "O amor-próprio, isto é, um sentimento relativo [este termo, para Rousseau, é sinônimo de 'social'] pelo qual nos comparamos, que solicita preferências, cujo prazer é puramente negativo e que não busca mais a satisfação com nosso próprio bem, mas apenas com o mal do outro."[25]

Se o raciocínio de Rousseau parasse aqui, ele seria apenas um destruidor – particularmente violento e eloquente – da vaidade humana e do desejo de ser superior aos outros. As relações humanas por ele consideradas decorrem ainda, como nos outros moralistas, da semelhança: ao nos compararmos, gostaríamos de tomar o lugar do outro, combater os rivais. A questão agora é saber se este tipo de relações esgota todo o campo do social, como o sugerem seus predecessores que, deste modo, fundamentam sua condenação da vida em sociedade, ou, então, se existem outras relações, também sociais, mas que não mais derivam da semelhança e, portanto, não conduzem à comparação, ao desejo de substituição ou à rivalidade.

O mérito de Rousseau reside, precisamente, no fato de ter considerado este outro tipo de relações sociais e entrevisto suas incidências sobre a identidade humana, mesmo se o termo pelo qual ele o designa não é comparável, em sua ge-

---

25 Ibid., p.669.

neralidade, ao amor de si nem ao amor-próprio. Este terceiro sentimento, situado a meio caminho dos dois outros, é a "ideia da consideração".[26] A partir do momento em que passam a viver em sociedade (e isto, com relação ao tempo histórico, que dizer: sempre), os homens experimentam a necessidade de atrair para si o olhar dos outros. O órgão especificamente humano são os olhos: "Todos começaram a olhar os outros e a querer, eles mesmos, ser vistos."[27] Portanto, o outro ocupa uma posição contígua e complementar à minha, e não mais comparável a ela; ele é necessário à minha própria completude.

Os efeitos dessa necessidade são semelhantes aos da vaidade: queremos ser vistos, buscamos a estima pública, tentamos interessar o outro por nossa situação; a diferença é que se trata de uma necessidade constitutiva da espécie, tal como a conhecemos, e não de um vício. A inovação de Rousseau não consiste em observar que os homens podem ser movidos pelo desejo de glória ou de prestígio – isto todos os moralistas o sabem –, mas em transformar este desejo no limiar para além do qual só podemos falar de humanidade. A necessidade de ser visto, a necessidade de consideração, essas propriedades do homem, descobertas por Rousseau, possuem uma extensão sensivelmente maior do que a aspiração à honra.

A socialidade não é um acidente nem uma contingência: é a própria definição da condição humana. Compreendemos agora o tom solene usado por Rousseau em *Essai sur l'origine des langues* [Ensaio sobre a origem das línguas]: "Quem quis que o homem fosse sociável tocou o eixo do globo e o inclinou sobre o eixo do

---

26 Rousseau, *Inégalité*, p.170.
27 Ibid., p.169.

universo. Com este leve movimento, vejo modificar-se a face da terra e decidir-se a vocação do gênero humano."[28] Mas, esta "vocação" significa que temos uma necessidade imperiosa dos outros, não para satisfazer nossa vaidade, mas porque, marcados por uma incompletude original, nós lhes devemos nossa própria existência. Em outro lugar, Rousseau escreve: "Todo apego é um signo de insuficiência: se cada um de nós não tivesse nenhuma necessidade dos outros, não pensaria em se unir a eles."[29] Entretanto, somos assim: nascidos na insuficiência, morrendo na insuficiência, sempre presas da necessidade dos outros, sempre em busca do complemento que falta. Apenas Deus conhece a felicidade na solidão: Rousseau vai, aqui, ao encontro do pensamento de Aristóteles, quando aceita a ideia de que a sociedade nasce da fraqueza do indivíduo. Sua contribuição essencial, no entanto, encontra-se na afirmação de que o homem já começa a existir com uma insuficiência congênita, e que cada um de nós tem, portanto, muita necessidade dos outros, necessidade de ser *considerado*, "necessidade de prender seu coração a alguma amarra".[30]

O que dá ao homem o sentimento de sua própria existência? Por vezes, Rousseau emprega esta expressão como equivalente de amor de si e de instinto de conservação. Mas, quando introduz a perspectiva da socialidade, ele a situa, a bem dizer, na "ideia da consideração".[31] Tal é a conclusão do *Discours sur l'origine de l'inégalité*:

---

28 Rousseau, *Essais*, p.99.
29 Id., *Émile*, p.503.
30 Id., *Dialogues*, p.810.
31 Id., Sentiment d'existence et instinct de conservation: t.III, p.164; t.II, p.1324; t.I, p.1047.

A vida em comum

O Selvagem vive em si mesmo, o homem sociável [e isto quer dizer, não o esqueçamos, o homem tal como existe realmente] sempre vive fora de si, não sabe viver senão segundo a opinião dos outros e é, por assim dizer, apenas do julgamento destes que ele concebe o sentimento de sua própria existência.[32]

Rousseau confirma este ponto de vista nos *Dialogues*: o ser humano distingue-se dos animais por possuir, além da sensibilidade física (aquela que serve a seu instinto de conservação), uma sensibilidade social, "a faculdade de depositar nossas afeições em seres que nos são estranhos"; e o exercício desta faculdade tem, como efeito, "estender e reforçar o sentimento de nosso ser".[33] As relações com o outro tornam maior a dimensão do si mesmo, em vez de diminui-lo. Esta característica transforma o homem naquilo que ele é, ela é a fonte de suas virtudes e de seus vícios, de suas incessantes infelicidades e de sua frágil felicidade.

Desta maneira, ao inscrever a necessidade do olhar do outro na própria definição do homem, Rousseau se afasta da tradição clássica, ainda que os diferentes ingredientes de sua doutrina possam já nela estar presentes. O que, excetuado seu gênio, lhe teria permitido dar este passo decisivo para o entendimento da condição humana? Talvez, como o sugere Charles Taylor, o contexto histórico tem aí sua importância: em meados do século XVIII, o antigo sistema das honras, reservado aos raros privilegiados, começa a entrar em desuso, e cada qual aspira a seu próprio reconhecimento público, àquilo que será desig-

---

32 Id., *Inégalité*, p.193.
33 Id., *Dialogues*, p.805.

nado dignidade. O que era evidente torna-se um problema e, por esta razão, deixa de ser invisível. Rousseau estaria, então, entre os primeiros a perceber a modificação. Sua contribuição, entretanto, vai bem além daquilo que notamos se nos contentarmos apenas em analisar o contexto histórico.

Não se trata aqui de traçar o destino ulterior da descoberta de Rousseau em todos os detalhes; duas reações, próximas no tempo, no entanto, merecem ser lembradas, por testemunharem, ao mesmo tempo, o eco suscitado pela descoberta e sua diversidade.

A primeira encontra-se no filósofo e economista escocês Adam Smith. Aos trinta anos, Smith leciona filosofia moral em Glasgow, quando surge a obra de Rousseau; Smith toma, imediatamente, conhecimento dela e lhe dedica um estudo elogioso em 1756. O que particularmente admira em Rousseau é o lugar reservado à piedade, e, portanto, à sociabilidade; ele fica feliz por encontrar em Rousseau um aliado em seu combate contra as teorias associais de Hobbes, La Rochefoucauld e Mandeville. O próprio Smith considera que a visão hobbesiana não consegue dar conta da simpatia, pedra angular de seu próprio sistema, por ele definida de modo bastante amplo como nossa faculdade de partilhar os sentimentos do outro, quaisquer que sejam. Ora, trata-se aqui, ele pensa, de uma categoria cuja existência é confirmada pela experiência cotidiana de todos.

Quando publica, em 1759, sua própria *Théorie des sentiments moraux* [Teoria dos sentimentos morais], Smith não faz mais nenhuma referência explícita a Rousseau; mas a afirmação central do *Discours sur l'inégalité*, segundo a qual nosso acesso à humanidade reside no olhar que lançamos uns sobre os outros, desempenha

A vida em comum

aí um papel importante, particularmente para explicar as motivações das ações humanas. Qual é o objetivo que perseguimos na vida, em que consiste essa melhora de nossa condição, à qual todos aspiramos? "Que sejamos observados, que se ocupem de nós, que, com simpatia, satisfação e aprovação, prestem atenção em nós: estas são as vantagens que podemos almejar."[34] Que sejamos considerados é, ao mesmo tempo, "a mais amável das esperanças" e "o mais ardente desejo da humana natureza";[35] ninguém – salvo o sábio perfeito ou o homem aviltado ao rol dos animais – pode ficar indiferente ao apelo do reconhecimento público. Não há preço que não estejamos prontos a pagar para conquistá-lo, pois "os homens muitas vezes renunciaram voluntariamente à vida, para alcançar, após sua morte, uma fama de que não mais podiam gozar"[36] (exemplo clássico da superioridade das paixões sobre os interesses).

A ausência de consideração, por sua vez, é o maior mal que pode nos atingir: "Comparados ao desprezo, todos os males exteriores são fáceis de suportar."[37] Os grandes deste mundo são "alvos de todos os olhares"[38] e a miséria sempre ameaçadora consistiria em não estarem mais "cercados por esse bando de insensatos, de bajuladores, de subordinados",[39] a não mais "serem contemplados pela multidão".[40] A descrição de nossa dependência do outro, apresentada por Smith, está impregnada

---

34 Smith, *The Theory of Moral Sentiments*, p.10.
35 Ibid., p.50.
36 Ibid., p.51.
37 Ibid., p.116.
38 Ibid., p.61.
39 Ibid., p.51.
40 Ibid., p.56.

de termos visuais: mostrar, dissimular, constatar, olhar, observar, ignorar, consideração, vista, olhos, atenção, visão...
A necessidade de ser visto não é uma motivação humana entre outras: é a verdade das outras necessidades. É como acontece com as riquezas materiais: elas não constituem um fim em si mesmas, mas o meio de nos assegurarmos a consideração do outro. "É justamente esta atenção relativa aos sentimentos das pessoas que nos faz procurar a riqueza e fugir da indigência."[41] O homem rico é feliz por ter conseguido atrair a atenção do mundo para ele, mesmo se, em um segundo momento, ele possa procurar camuflar suas riquezas. É também o que ocorre com os prazeres: os mais intensos são aqueles que obtemos de um certo olhar que nos é lançado pelos outros. "A natureza, ao formar o homem para a sociedade, [...] ensinou-lhe a encontrar seu prazer ou seu sofrimento no olhar favorável ou desfavorável do outro."[42] Os outros prazeres são, de longe, negligenciáveis: "O ambicioso não persegue verdadeiramente nem o repouso, nem o prazer, mas sempre um gênero ou outro de honra."[43] Segue-se, como observa Jean-Pierre Dupuy em seu comentário sobre Smith, que "o sujeito smithiano é radicalmente incompleto", pois ele não pode se privar do olhar dos outros: "Ele necessita desesperadamente de seus semelhantes para forjar uma identidade para si."[44] Smith é, portanto, um discípulo de Rousseau.

A honra não está incluída aqui, como ela o será mais tarde em Kant, em uma série indiferenciada de desejos (de bens, de

---
41 Ibid., p.50.
42 Ibid., p.116.
43 Ibid., p.65.
44 Dupuy, *Le Sacrifice et l'Envie*, p.86.

A vida em comum

poder, de honra); ela é – entendida no sentido mais amplo de referência ao olhar e ao julgamento do outro – a verdade dos outros desejos. Smith tem o mérito de superar, neste sentido, uma oposição que se transmite de século em século, entre, por um lado, nossas aspirações vaidosas, utilitárias, e, por outro (ou de acordo com a fórmula de Albert Hirschman), entre paixões e interesses. Sabemos que muitas vezes pensou-se em tal divisão: colocar à direita tudo o que os homens fazem por "boas" razões, por exemplo, para se tornarem ricos, e, à esquerda, suas loucuras, a busca da glória, a fidelidade aos símbolos. Há nisso, sugere Adam Smith, apenas diversos meios para alcançar o mesmo fim. "Smith se recusa a deixar-se enganar pela mentira do individualismo burguês ou do interesse egoísta",[45] conclui Dupuy. A respeito desse aspecto preciso, Adam Smith vai mais longe que Rousseau. Este, vimos, atribuía o amor de si a todos os seres vivos; a ideia de consideração e sua perversão, o amor-próprio, apenas aos seres humanos. Quanto a Smith, este abandona qualquer ideia de um amor de si autônomo no homem: o amor-próprio diz a verdade do amor de si, a acumulação egoísta de riquezas é apenas um meio para assegurar a consideração dos outros.

Poder-se-ia acreditar, julgando pelos últimos exemplos citados, que Adam Smith apresenta um julgamento negativo sobre essa dependência constitutiva do ser humano com relação ao olhar do outro; não se trata disso: é preciso aceitar a condição humana tal como é. Isto absolutamente não impede Smith de distinguir vício e virtude; é que, como Rousseau, que distingue "amor-próprio" de "ideia de consideração", ele não confunde

---

45 Ibid., p.102.

vaidade com interdependência dos homens. É justamente o que critica em La Rochefoucauld e em Mandeville: ambos apagam, em um primeiro momento, qualquer diferença entre os olhares solicitados, para poder, em seguida, afirmar que apenas o interesse nos governa. Mandeville "designa como vaidade tudo o que se relaciona ao que são ou ao que devem ser os sentimentos dos outros".[46] Ora, o desejo de glória não se confunde com a vaidade; o desejo de ser bom com o prazer de receber cumprimentos.

As paixões humanas que nos guiam uns em direção aos outros não constituem, portanto, culpas, por si mesmas. O que pode tornar-se fonte de corrupção é, inicialmente, necessário à vida em sociedade, quer dizer, à vida humana. É mesmo preciso agradecer ao "sapientíssimo criador da natureza" que, por estes meios "ensinou aos homens a respeitar os sentimentos e os julgamentos de seus semelhantes", e "tornou o homem, de certa forma, juiz imediato do gênero humano".[47] Portanto, o fundamento de qualquer julgamento reside na referência ao outro: como para Rousseau, para Adam Smith, os valores, e, consequentemente, a ética bem como a estética, podem nascer apenas na sociedade. Não podemos emitir um julgamento sobre nós mesmos sem sairmos de nós e sem nos olharmos através dos olhos dos outros. Se pudéssemos educar um ser humano no isolamento, este seria incapaz de julgar, até a si mesmo: faltar-lhe-ia um espelho para se ver. "Coloque essa pessoa em sociedade e ela terá o espelho que lhe faltava."[48] Montaigne, é

---

46 Smith, *Moral Sentiments*, p.312.
47 Ibid., p.128-30.
48 Ibid., p.110.

verdade, já falava de si mesmo nestes termos: "Por ter-me posto, desde minha infância a olhar minha vida pela do outro..."[49] Isto quer dizer, então, que devemos aspirar, com todas as nossas forças, ao julgamento positivo dos outros? Sabemos também o quanto esse julgamento pode ser superficial e volátil. Se Deus existisse, poderíamos nos amparar em sua clarividência e renunciar à apreciação humana. Entretanto, no mundo estritamente humano de Adam Smith, esta eventualidade não é considerada. Em vez disso, Smith nos sugere uma construção mental, acessível a todos, a de um "espectador imparcial e bem informado"[50] que habita em nosso interior, uma épura ideal de todos os "outros" que encontramos na vida (aquilo que, no século XX, George Herbert Mead designaria "o outro generalizado" e Mikhail Bakhtin, o "superdestinatário"). Este espectador seria, ao mesmo tempo, exclusivamente humano e livre dos defeitos próprios a cada pessoa: ele nos permitiria escapar da vaidade sem deixar de buscar a consideração dos outros.

Este espectador imparcial e esclarecido não é, portanto, uma ficção de filósofo, apenas: dele, todos temos uma representação em nosso interior, designada *consciência*; esta, na realidade, nada mais é do que um outro generalizado, o olhar dos outros em nosso interior. E, em última instância, do julgamento desse outro generalizado, depende nosso comportamento. Enganam-se, portanto, igualmente, aqueles que, cheios de boas intenções, representam o ser humano agindo por amor à humanidade, e aqueles que, agora animados por um amor cruel pela verdade, clamam que o homem age conduzido apenas por

---

49 Montaigne, *Essais*, III, 13, p.1076.
50 Smith, *Moral Sentiments*, p.130.

seu interesse egoísta. O homem, sozinho, não consegue se satisfazer, mas ele também não obedece, forçosamente, a um dever que lhe parece imposto pela comunidade.

Não é o amor pelo próximo, não é o amor pela humanidade, o que nos conduz, sempre, à prática das virtudes divinas. Trata-se de um amor mais forte, de um sentimento mais poderoso que surge nesses momentos: o amor pelo honroso e pelo nobre, o amor pela grandeza, pela dignidade e pela superioridade de nosso próprio caráter.[51]

Os mais poderosos motivos da ação humana não são designados prazer, interesse, avidez, nem, por outro lado, generosidade, amor pela humanidade, sacrifício de si; mas, sim, desejo de glória e consideração, vergonha e culpa, medo da falta de estima, necessidade de reconhecimento, apelo ao olhar do outro...

Adam Smith aceita e desenvolve a intuição de Rousseau sem traí-la. Ela recebe um tratamento totalmente diverso nas mãos de Hegel. Admirador e leitor tanto de Rousseau quanto de Adam Smith, Hegel aborda o problema de nossa sociabilidade constitutiva nas célebres páginas da *Phénoménologie de l'esprit* [Fenomenologia do espírito] (1807) dedicadas à "dialética do senhor e do servo" (ou do escravo) – páginas que lerei, como tantos outros antes de mim, na interpretação proposta, nos anos trinta do século XX, por Alexandre Kojève (*Introduction à la lecture de Hegel* [Introdução à leitura de Hegel]). Não que a interpretação de Kojève esteja em perfeita conformidade com o original: Kojève, como qualquer leitor, interpreta e transforma

---

51 Ibid., p.137.

o texto que lê. Esta interpretação, no entanto, apresenta, em relação ao original, a vantagem de ser muito clara; as inflexões por ela apresentadas, por outro lado, são projetadas sobre Hegel a partir do século XIX: o pensamento hegeliano agiu sobre o mundo em conformidade com a interpretação de Kojève.

Efetivamente, Hegel (que nestas páginas da *Phénoménologie* não faz referência nem a Rousseau, nem a Adam Smith) interpreta e transforma o pensamento de Rousseau em dois sentidos. Por um lado, ele o amplia e o confirma. Não mantendo "a ideia de consideração" como um estado transitório entre o amor de si e o amor-próprio, ele a torna característica da espécie humana. E, não a condenando enquanto "amor-próprio", "orgulho" ou "vaidade", descreve-a em termos moralmente neutros. Em que consiste, efetivamente, a diferença entre o animal e o homem? O primeiro age em nome de seu instinto de conservação e, com este objetivo, apropria-se das coisas que lhe são necessárias (por exemplo, o alimento), afastando os obstáculos (os rivais). O segundo faz o mesmo, mas não se contenta, e, buscando algo além de sua satisfação material, aspira ao reconhecimento de seu valor, o que somente alcança através do olhar do outro. Reconhecimento (*Anerkennung*): este será o termo empregado por Hegel para designar aquilo que Rousseau denominou "consideração" e Adam Smith "atenção"; é este o termo que eu, por minha vez, usarei.

O humano começa onde o "desejo biológico de conservação da vida"[52] se submete ao "desejo humano de Reconhecimento".[53] "O desejo humano deve, portanto, ser superior a este desejo

---

52 Kojève, *Introduction*, p.170.
53 Ibid., p.14.

de conservação. Dito de outra maneira, o homem somente se revela humano quando põe em risco sua vida (animal) em detrimento de seu Desejo humano"[54]: como já dizia Adam Smith, ele está pronto a perder sua vida para alcançar renome. Aquiles, que prefere a glória à vida, é, não apenas um grande herói, mas o primeiro representante autêntico da humanidade. A necessidade de reconhecimento é o fator constitutivo do humano. É neste sentido que o homem não existe antes da sociedade e que o humano está fundamentado no inter-humano. "A realidade humana pode ser apenas social."[55] "É preciso pelo menos ser *dois* para ser *humano*."[56] Ora, Hegel não sofreu as razões pessoais de Rousseau para deplorar a condição humana; ele se contentou em descrevê-la.

Mas, ao mesmo tempo que opera esta amplificação, Hegel-Kojève impõe uma formidável redução à ideia de reconhecimento. Esta se realiza em várias etapas. A primeira consiste em partir de uma inflexível aplicação da lei do terceiro excluído. Para superar a condição animal, o homem deve buscar não apenas aquilo que satisfaz imediatamente seus desejos e seu instinto de conservação, mas também "alguma coisa que supere o dado real. Ora, a única coisa que supera o dado real é o próprio Desejo". Ou ainda: "Por ser antropogênico, o Desejo deve repousar sobre um não-ser, isto é, sobre outro Desejo, sobre outro vazio ávido, sobre outro eu."[57] Entretanto, o mundo dos objetos do desejo divide-se, necessariamente, em duas partes exclusivas, os objetos materiais e os outros desejos?

---

54 Ibid., p.13.
55 Ibid., p.172.
56 Ibid., p.12.
57 Ibid., p.168.

A vida em comum

A segunda etapa é muito mais espetacular. Ao mesmo tempo que demando o reconhecimento do outro, ele o demanda a mim; ora, não podemos mutuamente nos conceder o reconhecimento; é preciso que um não o tenha, para que o outro o obtenha. A demanda de reconhecimento constitui, necessariamente, um combate: e uma vez que, para os humanos, o reconhecimento é um valor superior à vida, trata-se de um combate eterno. Na verdade, essa ideia não estava ausente em Rousseau (como também em autores anteriores), mas referia-se, para ele, ao amor-próprio (negativo), não à ideia da consideração ou da necessidade dos outros (neutros). Ele escrevia:

> Eu observaria o quanto esse desejo universal de reputação, de honras e de preferências que nos devora a todos, [...] tornando todos os homens concorrentes, rivais ou, antes, inimigos, [...] causa, todos os dias, infortúnios, infelicidades e catástrofes de todo tipo ao fazer correr na mesma raia tantos concorrentes.[58]

Entretanto, como não faz diferença entre estas diferentes instâncias (amor de si/amor-próprio) Hegel-Kojève acaba por aplicar esta descrição à própria ideia de reconhecimento. Já que cada um dos dois parceiros está pronto a arriscar sua vida para não ceder, "seu encontro será uma luta até a morte", uma "luta até a morte por puro prestígio",[59] que não seria, todavia, possível condenar: ela se confunde com a definição de humanidade. Trata-se de "uma *Luta* pela vida e pela morte. Uma *Luta*, já que um vai desejar subjugar o outro, *todos* os outros, através de uma

---

58 Rousseau, *Inégalité*, p.252.
59 Kojève, *Introduction*, p.14.

ação negadora, destruidora".⁶⁰ Fazer-se reconhecer é impor-se. Desta maneira, a ideia de reconhecimento se encontra indefectivelmente ligada a de luta pelo poder.

Esta segunda etapa foi, por sua vez, preparada por uma terceira redução, aquela que interpreta qualquer reconhecimento como reconhecimento de um valor; o reconhecimento é, no vocabulário de Hegel-Kojève, sinônimo de admiração, de aprovação, de elogio – e, portanto, de posição inferior em relação a algo superior. "Todo desejo é desejo de um valor."⁶¹

Finalmente, quando examina as consequências desse enfrentamento original, Hegel-Kojève opera uma última redução na sequência de seu raciocínio. Um dos dois combatentes saiu vencedor do conflito, o outro foi vencido e, se não foi morto, tornou-se escravo ou servo (ele preferiu ter a vida salva a buscar o reconhecimento). Entretanto, por essa mesma razão, ele renunciou à sua condição especificamente humana: consequentemente, o vencedor também está frustrado: ele alcançou o reconhecimento, é verdade, mas não o de um outro *homem*, quer dizer, o reconhecimento ao qual aspirava. Seu desejo é intrinsecamente trágico: ou ele não consegue o reconhecimento por ser vencido ou o reconhecimento obtido não tem valor porque provém de um vencido. O senhor "é reconhecido por alguém que ele não reconhece. [...] A atitude do Senhor é, portanto, um impasse existencial".⁶²

Percebemos então que não apenas toda demanda por reconhecimento é luta, mas também que toda luta é demanda de

---

60 Ibid., p.169.
61 Ibid., p.14
62 Ibid., p.25, cf. p.174.

reconhecimento: a vitória não traz nenhuma satisfação porque não pode ser coroada por um reconhecimento-admiração; e quando Hegel-Kojève afirmava "é preciso, pelo menos, ser dois",[63] ele queria também dizer "e dois apenas": neste cenário, o mundo é, sempre, habitado por apenas um vencedor e um vencido. Nesse sentido, podemos ainda duvidar da legitimidade de uma tal redução. É claro que o SS que mata ou trata como escravo um detento no campo de concentração não pode gozar do prazer que lhe traria o reconhecimento de sua vítima; no entanto, não poderia ele solicitar, *ao mesmo tempo*, o reconhecimento de seus companheiros SS, que admiram sua "dureza", ou o de seus chefes, que apreciam sua fidelidade e disponibilidade? Para admiti-lo, seria, entretanto, necessário colocar, de início, a presença de três, e não apenas de dois atores: os dois combatentes e uma *testemunha*, um *espectador* sob cujo olhar se desenvolve o combate.

A história que nos conta Hegel-Kojève é paralela a de Rousseau no *Discours sur l'inégalité* e em outras narrativas semelhantes: é uma história da origem da humanidade. O que Hegel-Kojève nos descreve são os primeiros homens, a certidão de nascimento da espécie. Esta é a razão pela qual ele fala constantemente de "antropogênico", do homem em "estado de nascimento", "em sua origem". Resumindo: "O Homem nasceu, e a História começou com a primeira Luta, que teve como consequência o surgimento de um Senhor e de um Escravo."[64] A história da humanidade não é nada mais do que a evolução desta relação entre senhores e escravos.

---

63 Ibid., p.15.
64 Ibid., p.172.

As especulações sobre as origens da humanidade, familiares à filosofia até uma época recente, provêm do mito: podem ser muito sugestivas, não serão jamais confirmadas nem desmentidas. Elas nos oferecem, no melhor dos casos, um modelo lógico, uma representação explicativa, dos quais não exigimos a existência real. Entretanto, é possível observar um outro nascimento: não mais o da espécie, mas o do indivíduo. Ainda que não queiramos lhe atribuir um papel privilegiado, este acontecimento continua a ser um exemplo, pelo menos tão significativo quanto qualquer outro, da identidade humana. Os dois valentes combatentes do cenário de Hegel-Kojève foram crianças antes de crescer? Eles nasceram do ventre de uma mãe ou da mente de um filósofo? Mas se, ao ler o mito de Hegel-Kojève, guardamos no espírito, à título de ilustração, o nascimento do indivíduo, muitos elementos do mito parecerão bastante contestáveis quando não claramente ridículos. O modelo se revela, portanto, ineficaz.

Como no mito da origem da espécie, na realidade da origem do indivíduo são necessários pelo menos dois seres para que surja o humano; esses dois seres, entretanto, não são, como em Hegel-Kojève, dois homens que se enfrentam como em um torneio de cavalaria ou sobre um ringue de boxe; são, antes, a mãe e a criança (ou, se quisermos recuar à concepção, um homem e uma mulher).

A descrição da origem, do nascimento, do "antropogênico", como uma luta sem fim, não se aplica, certamente, à relação entre a mãe e a criança. O homem não nasce em decorrência de uma luta, mas sim do amor. E o resultado deste nascimento não é a dupla senhor-escravo, mas aquela, mais prosaica, pais-filhos.

Entretanto, objetar-se-á, o nascimento criança não tem, em si mesmo, nada de especificamente humano; ele se assemelha ao de outros mamíferos, ainda que os traços deixados na memória da mãe e, talvez também, da criança não tenham nenhum equivalente no mundo animal. Os primeiros movimentos da mãe e da criança, uma em direção à outra, não são, também, especificamente humanos: a criança "pede" para ser nutrida e aquecida, em uma palavra, protegida; a mãe "pede" para proteger, é verdade, mas esta primeira relação possui equivalentes no mundo animal. Isto é verdade. Entretanto, ao final de algumas semanas, produz-se um acontecimento especificamente humano, sem equivalente entre os outros mamíferos: a criança procura captar o olhar da mãe, não somente para que esta a alimente ou a reconforte, mas porque este olhar lhe traz um complemento indispensável, confirmando-a em sua existência. E, em outros termos, a criança "pede", agora, o reconhecimento da mãe (ou do adulto que assume este papel e que pode tanto ser o pai quanto uma terceira pessoa), a mãe procura reconhecer seu filho, assegurá-lo de sua existência; e, ao mesmo tempo, sem se dar conta, sempre em seu papel de agente de reconhecimento, ela própria se vê reconhecida através do olhar suplicante da criança. A existência do indivíduo, enquanto ser especificamente humano, não se inicia no campo de batalha, mas na captação do olhar materno pelo bebê – uma situação bem menos heroica... Acrescentemos, para evitar qualquer mal-entendido, que o termo "olhar" refere-se aqui ao primeiro e melhor representante de todos os mecanismos dos quais dispõe o homem para estabelecer contato com o outro, mas cuja ausência – como ocorre com os cegos – será substituída por outros sentidos, principalmente o tato e a audição.

Podemos, agora, avaliar a força das reduções operadas por Hegel-Kojève no processo de reconhecimento confrontando-as com o que pode ser observado na relação mãe-criança. Será legítimo reduzir qualquer demanda de bens não materiais (concretamente: aqueles que não sejam alimento) a outro desejo? O recém-nascido deseja o desejo de sua mãe? Ele deseja seu olhar, sua presença; resumindo, seu reconhecimento; mas, na verdade, este só pode ser considerado desejo em desmedido esforço de imaginação. Em segundo lugar, esta demanda de reconhecimento é, necessariamente, uma luta ou mesmo uma luta mortal? É difícil admiti-lo. Bem mais tarde, a rivalidade entre pais e filhos pode se instalar, a criança pode combater o pai ou a mãe, mas, certamente, não nesse estágio inicial. A ideia de luta está bem distante do espírito de um e de outro: a criança não combate seus pais, ela os solicita. A desigualdade entre os dois é tal, no início, que é absurdo imaginar a relação evoluindo *para* a desigualdade: a hierarquia previne o conflito. E, ao demandar o reconhecimento do outro (da mãe), a criança não corre, rigorosamente, nenhum risco: ela afirma, no entanto, de maneira explícita, sua humanidade. Em terceiro lugar, a criança não demanda uma confirmação de seu valor (ela não sabe o que é isso) e contenta-se em exigir o reconhecimento de sua existência – nada mais (o que já é muito).

Finalmente, em quarto lugar, na sequência da evolução individual, percebemos que as relações conflituosas não estão sempre acompanhadas de uma demanda de reconhecimento (não mais do que o inverso, portanto): os conflitos fazem parte, antes, de situações triangulares nas quais, ao lado dos rivais, há também uma testemunha, um juiz, um detentor do reconhecimento; os dois processos, reconhecimento e luta, podem, portanto, ocorrer de modo independente. Outra prova da possibilidade de dissociá-los provém da observação dos animais (que, evidentemente, estava em seu início na época de Hegel).

Os animais que vivem em bandos adaptam-se bastante bem ao esquema hegeliano do combate, cuja consequência pode ser o domínio ou a escravidão: os rivais enfrentam-se em combates mortais dos quais podem, entretanto, fugir, demonstrando, ao vencedor, sinais de submissão. Isto, acidentalmente, pode mostrar que arriscar a vida para dominar não nos faz ainda entrar na categoria do humano. Um estudo, já antigo, explica como é organizada a vida social em um galinheiro: inicialmente, há conflito; depois, subordinação. Devemos concluir, então, que a sociedade humana é apenas um vasto galinheiro? Não, pois, justamente, o combate não é travado em busca de reconhecimento; trata-se de pura demonstração de força. Além do mais, a vida no galinheiro não se reduz ao conflito: entre os animais, assim como entre os homens, a filiação, e não o conflito, é a relação social primeira.

Seria a relação pais-filhos comparável à relação senhor-escravo? Tal ideia não poderia sustentar-se. Seria então o caso de identificar a criança com o escravo (por ser inferior) ou com o senhor (por demandar e obter reconhecimento)? Confundir as relações não seria somente inútil: perder-se-ia, além disso, e por isso mesmo, a possibilidade de observar que *algumas* relações pais-filhos, em *alguns* momentos da evolução, poderiam, efetivamente, entrar na lógica do senhor-escravo.

Uma conclusão se impõe: a descrição de Hegel-Kojève, ainda que pareça brilhante, não diz a verdade sobre a condição humana; ela descreve, antes, uma relação bastante particular: a do desejo frustrado por sua própria realização, a da rivalidade acompanhada da demanda paradoxal de reconhecimento por parte do rival. Ela não é falsa, mas sua pretensão à universalidade é exagerada. A realidade das relações humanas é infinitamente mais rica. Tudo o que é imaterial não é desejo, todo reconhecimento não é luta pelo poder nem demanda de confirmação de um valor, toda luta não é, também, acompanhada de uma demanda de reconhecimento; o mundo humano é bem mais polimorfo do que faz supor a "dialética do senhor e do escravo", exposta por Hegel-Kojève. Também é difícil subscrever a conclusão hegeliana: "A existência humana, histórica, consciente de si mesma, não é, portanto, possível senão lá onde há ou – pelo menos – onde houve lutas sangrentas, guerras por prestígio."[65] A extraordinária diversidade da demanda e da concessão de reconhecimento acha-se aqui reduzida à monotonia de um conflito pelo poder. Mal se inicia sua exploração, o reconhecimento viu-se reduzido a uma única de suas variedades e, praticamente, confundido com este outro locatário cansado da filosofia ocidental, a guerra permanente de todos contra todos. É este limite automutilador que deve ser superado em nossos dias.

Sobrevivências modernas

Evidentemente, é impossível compreender de uma só vez as diferentes teorias que, em nosso século, reivindicaram a descoberta de Rousseau, procuraram transformá-la ou opor-se a ela. No entanto, podemos dizer que as doutrinas mais influentes aparecem como continuidade das tendências associais

---

65 Kojève, *Introduction*, p.169-70.

A vida em comum

anteriores, a de Hobbes ou La Rochefoucauld, a de Helvétius, ou ainda a da reinterpretação (e redução) hegeliana de Rousseau, versão que, bem antes da leitura de Kojève, impôs-se ao pensamento ocidental, tanto por intermédio do marxismo, que traduz a dialética do senhor e do servo numa luta cruel de classes, quanto pela noção nietzschiana de vontade poder. Alguns exemplos ilustram esta situação, sem pretender substituir-se a uma descrição sistemática.

A psicanálise clássica, escola de pensamento que, em nossos dias, eliminou quase todos seus rivais no campo da teoria psicológica, retoma, frequentemente, em muitos aspectos as concepções de La Rochefoucauld e de Kant: o homem é egoísta e fundamentalmente solitário, ele só pensa na satisfação de seus desejos; a vida em sociedade ensina-lhe o altruísmo e a generosidade; estes são um ideal, não uma realidade. As pulsões profundas concernem apenas aos interesses do próprio sujeito. Neste sentido, Freud partilha as ideias de seus ilustres predecessores, ideias muito populares no século XIX. Ele escreve em *Malaise dans la civilisation* [O mal-estar na civilização]:

> *Homo hominis lupus*: quem teria coragem, diante de todos os ensinamentos da vida e da história, de negar esta máxima? [...] Quando as forças morais que se opunham a suas manifestações [as da agressividade] e, até então, as inibiam foram desarticuladas, a agressividade se manifestou também de maneira espontânea, revelou no homem a besta selvagem que perde todo respeito para com sua própria espécie.[66]

---

66 Freud, *Malaise dans la civilisation*, p.65.

Ora, esta besta selvagem (mas onde vimos bestas selvagens agir desta maneira?) reconhece o outro apenas na medida em que este lhe permite satisfazer certas pulsões: este outro será um objeto sexual ou uma ajuda para a realização de uma tarefa particularmente difícil; caso contrário, todos serão rivais. Este ser agressivo e competitivo é, portanto, essencialmente solitário, isolado, autossuficiente.

Neste sentido, a sociedade funciona como um remédio, um recurso cuja tarefa é amenizar os inconvenientes da guerra permanente de todos contra todos. Portanto, ela está do lado da moral e da civilização: é artificial.

É impossível não perceber em que escala o edifício da civilização repousa sobre o princípio da renúncia às pulsões instintivas e a que ponto ela requer precisamente a não satisfação (repressão, recalque ou outro mecanismo qualquer) de instintos poderosos. Esta renúncia cultural rege o vasto domínio das relações sociais entre humanos.[67]

Há, portanto, um conflito permanente entre a civilização e a selvageria (que seria a satisfação de nossas pulsões). "Em consequência desta hostilidade primária que coloca os homens uns contra os outros, a sociedade civilizada está constantemente ameaçada de ruína."[68] A natureza é feita de instintos individuais, a vida em sociedade é uma aquisição cultural; portanto, o indivíduo existe anteriormente à sua entrada na sociedade. Kant dizia o mesmo: "É exatamente aí [na vida em comum]

---

67 Ibid., p.47.
68 Ibid., p.65.

que são dados, verdadeiramente, os primeiros passos que levam a passagem do estado bruto à cultura, a qual reside, no fundo, no valor social do homem."[69] O social é sempre reduzido ao virtuoso – do qual carece o homem natural. A concepção subjacente do ser humano como indivíduo originalmente isolado explica algumas das teses mais influentes da doutrina freudiana. O mesmo acontece, por exemplo, com a teoria do narcisismo primário. Tal como o mostra Michael Balint, Freud hesitou nesta questão, postulando "na origem" ora uma relação de objeto (portanto, uma relação com o outro), ora um autoerotismo, ora o narcisismo. No entanto, o que se constata em suas sínteses definitivas, e também na ortodoxia psicanalítica, é que o estado primitivo do homem caracteriza-se pela "ausência total de relação com o meio"[70]; trata-se de um estado rigorosamente "anobjetal". Na origem, a libido é inteiramente reservada ao próprio sujeito, apenas progressivamente a libido narcísica transforma-se em libido de objeto.

Outro exemplo desta ação clandestina da Antropologia freudiana encontra-se no papel decisivo outorgado ao "complexo de Édipo" pelo fundador da psicanálise, no qual o desejo do sujeito está, de maneira inextricável, associado às relações de rivalidade e ódio. Esta articulação sempre foi pensada por Freud e pelos psicanalistas ortodoxos como eixo de referência maior, tanto na evolução do indivíduo quanto na da espécie, visto que o assassinato do pai primitivo é considerado, em *Totem et Tabou* [Totem e Tabu], o momento original da humanidade. Tudo o que for irredutível ao Édipo recebe a designação, reveladora

---

69 Kant, *Histoire universelle*, p.192.
70 Laplanche e Pontails, *Vocabulaire de la psychanalyse*, p.262.

por sua parcialidade, de "pré-edipiano": trata-se do advento deste momento decisivo. Freud, assim como Hegel, postula: na origem existia a guerra, o combate até à morte.

É curioso observar a repetição deste esquema em um discípulo dissidente de Freud, Alfred Adler, que queria, no entanto, apresentar uma visão mais "social" do homem do que a da psicanálise clássica. Seu caso é interessante. Por um lado, encontramos em Adler a tese do homem solitário-egoísta, tese muitas vezes traduzida por ele em um vocabulário nietzschiano. Todo ser humano é dominado por uma "imperiosa sede de poder"[71] cujo único objetivo é "obter o domínio do mundo exterior".[72] A vida é apenas uma "luta pelo sucesso"[73] e "todo comportamento de um ser humano é determinado por um objetivo que, por sua vez, visa somente à superioridade, ao poder, à vitória sobre o outro".[74] Nesta perspectiva, então, os outros são apenas rivais a serem eliminados ou servos potenciais.

Ao mesmo tempo, Adler atenta para uma outra faceta do comportamento humano (talvez, neste ponto, ele seja influenciado por suas convicções socialistas): os atos de cooperação que não dependem da rivalidade nem se reduzem a complôs contra um superior. Isto ocorre na relação do recém-nascido com o seio da mãe, não interpretada por Adler à maneira de Kant, como uma afirmação da liberdade, e também não à maneira de Freud para quem tal gesto seria um ato de agressão. "É fácil compreender porque o primeiro ato do recém-nascido,

---

71 Adler, *Connaissance de l'homme*, p.67.
72 Id., *Le Sens de la vie*, p.74.
73 Ibid., p.75.
74 Adler, *Connaissance*, p.139.

o fato de mamar no seio materno, constitui um ato de cooperação – e não, como o supôs Freud, em favor de sua teoria preconcebida do canibalismo, um testemunho da tendência sádica inata – e tal ato é benéfico tanto para mãe quanto para o bebê."[75] De maneira mais genérica, quando se dedica ao comportamento das mulheres (Adler também tem convicções feministas), suas teorias sobre a sede de poder não são confirmadas.

Até o presente – e de modo geral – a insegurança da vida não encontrou outra solução a não ser a busca pelo poder. Chegou o momento de refletirmos se está é a única, a melhor saída para a segurança da vida e para o desenvolvimento da humanidade. A estrutura da vida da mulher tem algo a nos ensinar.[76]

Finalmente, em sua reflexão sobre a história da humanidade, Adler não deixa de perceber que nunca lidamos com um indivíduo isolado. "A coletividade preexistia à vida individual dos homens",[77] escreve em *Connaissance de l'homme* [Conhecimento do homem]; e em *Le sens de la vie* [O sentido da vida]: "Em toda a história da humanidade, não encontramos indivíduo isolado".[78]

Mas como conciliar duas afirmações tão divergentes? Neste sentido, Adler também não inova; é a distinção real-ideal que lhe permitirá produzir a articulação miraculosa. A rivalidade é natural, a cooperação cultural (ele também se esquece de que

---

75 Id., *Sens*, p.155.
76 Ibid., p.92.
77 Adler, *Connaissance*, p.29
78 Id., *Sens*, p.202.

entre os outros mamíferos a criança mama no seio materno e os animais conhecem a colaboração). Uma passagem de *Connaissance de l'homme* precisa o alcance da observação citada anteriormente da seguinte forma: "Na história da *cultura humana* não há nenhuma forma de vida que não seja conduzida socialmente".[79] Da mesma maneira, a relação da mãe e da criança representa, muito mais do que o embrião da vida humana, o protótipo da *civilização*: "É provável que a maior parte do sentimento social da humanidade e, com ele, o fundamento essencial da civilização se deva ao sentimento do contato materno".[80] (Adler retoma aqui as ideias de Bachofen, também familiares a Freud, mas por ele combatidas).

Adler apresenta a vida dominada por dois movimentos conflitantes: por um lado, a sede de poder, aspiração à superioridade; por outro, o sentimento de comunhão humana; por um lado, a solidão; por outro, a socialidade; por um lado, a natureza (má); por outro, a cultura (boa); o mau egoísmo e o bom altruísmo. Todo o esforço de Adler, terapeuta e educador, consistirá então em nos conduzir rumo a uma aceitação do sentimento de comunidade humana, a *Mitmenschlichkeit*, uma palavra que resume seu ideal. Deste modo, a sociedade não é natural, ainda que nunca possamos constatar sua ausência, ela é um remédio contra a fraqueza original do indivíduo. O homem "não é suficientemente forte para viver só", daí, diz Adler, repetindo Rousseau, nasce "a obrigação de ter uma vida em comum".[81]

---

79 Id., *Connaissance*, p.29 (grifos meus).
80 Id., *Sens*, p.160.
81 Id., *Connaissance*, p.28-9.

Adler não percebe, portanto, que essas duas direções do psiquismo, tanto uma quanto outra, são sociais, mas que uma reflete relações de semelhança e a outra, de contiguidade e de complementaridade (relações "simétricas" e "assimétricas"). Ele também não quer imaginar uma socialidade "má" (isto é, não virtuosa); no entanto, vê-se obrigado a evocar a vaidade, retomando assim a via dos moralistas próximos de Montaigne. "A vaidade prejudica o sentimento de comunhão humana."[82] Mas a vaidade seria algo diferente da busca delirante pelo reconhecimento do olhar do outro sobre mim, um sentimento social por excelência?

Uma das principais contribuições de Adler à teoria psicológica diz respeito à identificação e à descrição do "sentimento de inferioridade", que pode, eventualmente, levar a um "complexo de inferioridade"; as mesmas contradições e bloqueios observados na teoria geral são encontrados também em seu pensamento. Do que se trata? Este sentimento, de acordo com Adler, seria característico da criança, pois, como qualquer ser humano, ela é dominada por uma *sede de poder* destinada a obter a superioridade sobre o meio"; ora, nessa idade, isso é impossível: "Uma vez entre adultos, toda criança é induzida a sentir-se pequena e fraca; a considerar-se insuficiente, inferior."[83] A esta causa geral acrescentam-se eventuais más formações orgânicas; o todo contribui para introduzir em nós este sentimento de inferioridade – que se dissipa apenas, se isto de fato ocorrer, na idade adulta, com o sentimento de poder, ainda que este esteja permeado pelo sentimento de comunhão humana.

---

82 Ibid., p.166.
83 Ibid., p.64.

No entanto, não se pode dizer que a criança sofre com a superioridade de seus pais: para isso basta observar uma criança. É o adolescente que pode sofrer com uma superioridade hierárquica cuja justificativa parece-lhe infundada; a criança, por sua vez, experimenta este sentimento com relação aos seus irmãos e irmãs ou seus amigos. Para os pais a demanda é de outra natureza: a criança quer ser reconhecida pelo olhar e pelas palavras destes; ela quer imitá-los ao invés de combatê-los. Assim como o recém-nascido precisa do outro (de sua mãe) para viver, a criança precisa dos outros (de seus pais) para existir, isto é, para tomar conhecimento de si através do reconhecimento dos outros. Mesmo quando diz aos pais: "Eu sou o mais forte!", a criança não deseja, com relação a eles, a superioridade, mas o reconhecimento de seu ser e a confirmação de seu valor, algo que somente os outros podem lhe dar e que é bem mais importante do que a vitória sobre um rival. Ao interpretar a relação de complementaridade, característica da relação pai-filho, em termos de rivalidade, e, portanto, de semelhança, Adler projeta sobre o mundo da criança uma situação frequente (mas, de modo algum, geral) entre adultos.

No entanto, quando aborda casos particulares, Adler trai sua própria teoria. Em sua descrição da criança mimada, ele nos diz que esta procura "se destacar diante dos pais", a "chamar a atenção dos pais para si", a "fazer os outros darem mais atenção a ela" etc.[84] O que acontece com a sede de poder e o desejo de superioridade? No entanto, esta mesma constatação não alcança a formulação teórica. O quadro conceitual escolhido não deixa espaço para os resultados da observação, como o mostra em particular uma frase de *Connaissance de l'homme*: "Desde os

---

[84] Ibid., p.39.

A vida em comum

primeiros dias de vida, surge na criança a tendência a se projetar diante dos outros e a forçar os pais a conceder-lhe toda sua atenção. Vê-se então despertar nela o impulso de se colocar em primeiro plano (*Geltungstreben*), o que, sob a influência do sentimento de inferioridade, leva a criança a se fixar um objetivo de acordo com o qual ela parecerá como superior ao seu meio".[85] Tendo partido de uma demanda de reconhecimento, de consideração, de "reputação", Adler limita sua intuição ao modelo mal adaptado do impulso ao poder.

As observações de Adler aqui são corretas, no entanto, devem ser traduzidas em uma outra linguagem. O que ele viu na condição da criança não é sua inferioridade, mas sua *incompletude* constitutiva: desde o nascimento, a criança tem necessidade dos outros não somente para sobreviver, mas também para existir; ela precisa do calor, do cheiro e do gosto dos outros, da voz e do olhar destes, depois, de maneira progressiva, de sua palavra; não se trata de um sistema que escolhe um sujeito previamente autônomo, visto que ela é incapaz de alcançar sozinha seu objetivo! Ora, esta incompletude original nunca poderá ser totalmente preenchida. Quando crescer, a criança confirmará para si mesma seu ser; mas isso não quer dizer que, ao tornar-se adulta, mesmo sendo capaz de viver longos momentos sem a ajuda dos outros, ela poderá se privar destes por completo.

Neste sentido, Adler, mais fiel a Freud do que poderia imaginar, partilha a tradição de La Rochefoucauld: o ser humano é egoísta e solitário, mas é preciso encorajá-lo a se tornar social e generoso. Outros optaram (conscientemente ou não) por dar continuidade à tradição de Helvétius, deixando de lado toda consideração moral. Não é por acaso que encontramos

---

[85] Ibid., p.64-5.

tais desenvolvimentos em alguns capítulos de *L'Érotisme* [O erotismo], de Georges Bataille, dedicados ao pensamento de Sade. Tal como o interpretam Blanchot (muito citado aqui) e o próprio Bataille, Sade levaria o pensamento do isolamento humano a um ponto nunca alcançado antes. Tudo nele, de acordo com Blanchot, repousa "sobre o fato primeiro da solidão absoluta. Sade o disse e repetiu de diversas maneiras; a natureza nos faz nascer sós, não há nenhum tipo de relação de um sujeito para com o outro" (os excertos de Blanchot são tirados de *Lautréamont et Sade*). "O homem verdadeiro sabe que é solitário e aceita sê-lo."[86] Bataille concorda: "O homem solitário do qual ele [Sade] é porta-voz não leva absolutamente em conta seus semelhantes".[87] É por esta razão que devemos reconhecer Sade: "Foi-nos dada uma imagem fiel do homem, diante do qual o outro deixaria de ser considerado".[88]

Sabemos, entretanto que, em sua vida, Sade estava longe de ser indiferente às relações que o ligavam aos outros; Bataille se compraz em revelar este paradoxo: um autor esforça-se para mostrar aos outros (aos seus leitores) a insignificância desses próprios outros! Ele sugere também que, a solidão (a prisão) tendo sido imposta a Sade, este tivesse desejado travestir a obrigação em livre escolha. Por outro lado, Bataille sabe muito bem que a socialidade é congenital ao homem; ele não ignora

> a estrutura de fato de cada homem real, que não seria concebível se não o isolássemos dos laços que outros estabeleceram com ele, que ele próprio estabeleceu com os outros. A interpendência do

---
86 Bataille, *L'Érotisme*, p.187.
87 Ibid., p.192.
88 Ibid., p.210.

homem não representa nada além de um limite à interpendência, sem a qual nenhuma vida humana seria possível.[89]

No entanto, Bataille considera fundamental a contribuição de Sade para o conhecimento do humano; a imagem do homem que propõe, no conjunto de sua obra, é fiel e representa uma descoberta decisiva. Como isso seria possível se Sade tivesse relegado, pela necessidade de demonstração, a característica constitutiva do homem? A explicação deste novo paradoxo reside no fato de que o pensamento de Bataille é dualista, pois, segundo ele, o próprio homem é um ser duplo.

> A vida humana é constituída de duas partes heterogêneas que nunca se unem. Uma racional, cujo sentido provém das finalidades úteis, consequentemente, subordinadas: esta é a parte que se revela à consciência. A outra é soberana, se ocultando, de qualquer maneira, à consciência.[90]

Por um lado, então, a existência comum das pessoas normais, constituída pelo trabalho, pela preocupação com os filhos, pela benevolência e lealdade; a razão, a consciência, a linguagem, a ordem, a ocupação, a civilização, mas também as angústias e as fraquezas. Por outro, a patologia (que, no entanto, faz parte da definição do homem), os momentos de excesso, a necessidade de matar e de torturar sem piedade, a barbárie, a inconsciência, o riso, o silêncio — mas também as paixões, a volúpia,

---

89 Ibid., p.187.
90 Ibid., p.214-5.

o erotismo. Sade teve o mérito de dar voz a esta parte que, normalmente, é calada, a violência, e por esta razão é preciso escutá-lo de modo atento. Nossa vida social recalca a violência, ora, esta existe em nós; já que, excepcionalmente, podemos observá-la às claras (em Sade), não devemos ignorá-la.

Um termo, particularmente importante, que caracteriza o polo da violência no homem, é soberania. Os reis dos povos antigos eram soberanos, no sentido em que nenhum obstáculo limitava seu poder; mas somente a literatura pôde considerar uma soberania, de fato, absoluta (na vida, é preciso sempre estabelecer compromissos), e o pioneiro aqui seria Sade. No entanto, o desenvolvimento da soberania de um sujeito implica a anulação de todos os outros, seu desaparecimento ou sua redução à escravidão: uma instrumentalização que aliena sua vontade. Para o soberano, os outros se dividem em duas categorias: por um lado, libertinos semelhantes a ele; por outro, vítimas submissas. Qualquer reconhecimento destas vítimas, por ele, limitaria a soberania. "Quem admite o valor do outro, impõe-se, necessariamente, limites. [...] A solidariedade com relação a todos os outros impede o homem de ter uma atitude soberana."[91] As lições de Sade coincidem aqui com as de Hegel.

Podemos agradecer a Sade e aos seus discípulos e intérpretes modernos, Blanchot e Bataille, por terem reconhecido a violência no homem, ao invés de, de maneira hipócrita, terem fechado os olhos diante dela, ainda que possamos nos perguntar se a originalidade de Sade é tão radical quanto se diz. No entanto, isto ainda não nos ensina nada sobre o lugar que esta violência ocupa e o papel que desempenha no psiquismo humano: seria

---

91 Ibid., p.190-1.

A vida em comum

ela um de seus dois polos, apoderando-se totalmente do inconsciente, das paixões, do erotismo, ou apenas um meio, entre outros, de atingir um objetivo almejado também por nossas atividades conscientes e aparentemente racionais, nossas relações com o trabalho e com a família? Apesar de suas próprias reticências, Bataille considera a independência humana mais do que um simples limite à interdependência; para ele, como para Blanchot, há um ser humano essencial que não necessita dos outros. Se estes intervêm, é preciso saber o porquê. Trata-se da fragilidade, da fraqueza dos cordeiros, de acordo com Blanchot e Bataille, seguindo o pensamento de Nietzsche (Blanchot: "Tudo aquilo que, nele [o homem verdadeiro], herança de dezessete séculos de fraqueza, diz respeito a outros que não a si próprio, ele o nega";[92] Bataille: "Ele é solitário e apenas um sentimento de fraqueza, comum a todos, permeia os seus laços":[93] tais laços são provenientes da fraqueza comum). Buscamos o contato com os outros por solidariedade e por respeito a eles, diz Bataille, quando quer adotar o senso comum (o humanismo), como se os sentimentos generosos esgotassem as formas de interdependência social. Mas nos dois casos, o humano, e até mesmo o humano por excelência, o humano no estado puro, ignora o social; o inter-humano precisa de uma explicação: ele surge apenas como reação diante de uma dificuldade.

Se nos recusamos definir, de maneira tautológica, a soberania pela negação dos outros, poderíamos interpretá-la como um gozo do poder. Mas podemos gozar o poder sozinhos? Se

---
92 Ibid., p.192.
93 Ibid., p.210.

nego qualquer valor ao outro, dominá-lo não me dá nenhum prazer. Esta é razão pela qual a negação radical dos outros anula a soberania em vez de reforçá-la: nisto residia o paradoxo que Hegel explorava com satisfação. Bataille chega à mesma conclusão, mas por uma via bem mais indireta: o movimento de destruição que anima o sujeito, ele sugere, acaba por atingi-lo; o sádico radical não poderia isentar-se de seus próprios golpes e mostrar-se masoquista. "A partir do princípio de negação do outro, introduzido por Sade, é estranho perceber que no ápice da negação ilimitada do outro está a negação de si."[94] No entanto, esta negação de si não tem nada de estranho e se produz bem antes do ápice da negação do outro: as duas se manifestam simultaneamente, pois o indivíduo não existe sem o outro. O tirano absoluto é completamente infeliz; o caminho do mestre, dizia Hegel, é um impasse. Os casos de gozo verdadeiramente solitário – aqueles nos quais não preciso de nenhum olhar e de nenhum reconhecimento para experimentar minha capacidade de reduzir impunemente os outros seres ao nada – são a rigor possíveis; mas não revelam a verdade da condição humana. A solidão não é senão um caso particular da interação social, ela não é o seu avesso: este não existe.

Dentre as diferentes descrições que propõe do dualismo humano, Bataille também recorre ao modelo econômico.

> A conduta erótica opõe-se ao hábito, como o gasto à aquisição. Se nos comportamos de acordo com a razão, tentamos adquirir bens de todo tipo, [...] nos esforçamos para nos enriquecer de qualquer maneira e possuir mais. [...] Porém, no momento da

---

94 Ibid., p.194.

febre sexual nos comportamos de maneira oposta: gastamos excessivamente nossas forças.[95]

Esta ideia de gasto fortuito encontra-se no fundamento da "economia geral" de Bataille, exposta em *La Part maudite* [A parte maldita]. Seu autor redescobre assim a oposição clássica entre os interesses e as paixões, que Adam Smith tinha superado (para Smith, dizia Dupuy, "a moral e a economia constituem o objeto de uma só e mesma ciência"[96]). Mas podemos acumular os benefícios da troca humana como as riquezas? Podemos descrever o amor, a amizade ou a interação no trabalho como uma tentativa para receber sem dar? Reciprocamente, não recebemos nada do outro na paixão erótica? Se permito ao outro viver de modo intenso, recebo por isso uma maior gratificação: a troca humana não é distribuída de acordo com as costumeiras rubricas dos livros de contabilidade. Quando Jesus dizia aos seus discípulos: "Dai sem nada esperar em troca, e tereis uma recompensa",[97] ele mostrava ser melhor psicólogo do que Bataille.

Desta forma, a Antropologia de Bataille situa-se no interior da tradição psicológica associal, acolhendo alguns elementos da variante hegeliana. O homem essencial é solitário e se une aos seus semelhantes apenas por fraqueza e falta de coragem; a sociedade está do lado da civilização e da moral; quanto ao inconsciente, este é silencioso e violento. Ao reproduzir essas dicotomias tradicionais, Bataille nos oferece uma imagem

---

95 Ibid., p.189.
96 Dupuy, *Le Sacrifice et l'Envie*, p.101.
97 *Lucas*, VI, 35.

insatisfatória tanto da socialidade quanto do inconsciente. Aquela não tem nada de secundário nem de tardio e a demanda por um reconhecimento através do olhar do outro não é nem moral (generosidade) nem imoral (vaidade); ela é necessária. O indivíduo nunca é independente dos outros, daqueles que sempre já nos cercam. A violência não se opõe ao que é útil, pois ela própria tem sua utilidade. As posições representadas pela psicologia clássica ou por outros autores como Bataille continuam ainda hoje muito populares. Isso significa dizer que as teorias associais reinam de maneira absoluta no domínio da psicologia geral? Sem falar dos grandes romancistas europeus que, como notou René Girard, sempre mostraram o homem na sua dependência dos outros homens (o "desejo mimético" de Girard não é senão outro nome para o amor-próprio de Rousseau), podemos constatar que, como no passado, existem correntes, tanto em filosofia quanto em psicanálise, que partem da socialidade constitutiva do homem. Ludwig Feuerbach, em *Principes de la philosophie de l'avenir* [Princípios da filosofia do futuro] (1842), elabora a própria definição da humanidade a partir da comunicação entre os homens e a comunidade humana. Este é também o sentido que toma a afirmação de Feuerbach, de acordo com a qual a diferença entre homens e animais se situa na presença ou não de uma consciência, isto é, a representação da existência no interior do espírito. Ora, quem diz consciência diz intersubjetividade, comunidade, comunicação. O próprio sentimento de existir, fundamento da consciência, se origina em Feuerbach, como em Rousseau, na vida em sociedade. No século XX, muitas vezes às margens da filosofia, a elaboração de uma nova Antropologia filosófica, uma Antropologia inter-

A vida em comum

subjetiva (formulada, por vezes, em termos muito abstratos), persistirá em autores tão diferentes quanto Martin Buber e Mikhail Bakhtin, Emmanuel Lévinas e Jurgen Habermas.

Do lado da psicanálise, há muitos anos questiona-se também o modelo associal do homem, pressuposto pela vulgata freudiana. Duas subtradições devem ser distinguidas aqui. Uma, cuja origem pode ser remetida a Ferenczi, contesta a orientação "paterna" de Freud e insiste nas relações que se estabelecem na fase "pré-edipiana" entre a mãe e a criança, reconciliando-se com as especulações de Bachofen sobre o "direito materno", cuja tradição descobre na origem da vida individual relações não conflituosas. Por mais que procuremos, e de maneira profunda, no espírito humano, afirma Ferenczi, nunca encontraremos um ser isolado, mas apenas relações com outros seres. Os representantes mais expressivos desta tendência são dois húngaros, que asseguram a ligação com a "escola britânica": Alice Balint que se dedica ao estudo do "amor primário" (aquele entre a mãe e a criança), e Michael Balint, cujo conceito de "falha básica" descreve a origem dos transtornos mentais "pré-edipianos".

Britânicos, como Melanie Klein e W. R. D. Fairbairn, denominar-se-ão eles próprios especialistas das "relações de objeto"; no entanto, se nos lembrarmos de que o "objeto" em questão é um outro sujeito (*alter* diante de *ego*), seria mais correto falar em relação a eles de uma *psicanálise intersubjetiva*. Michael Balint critica, de maneira veemente, a ideia freudiana de um narcisismo primário assim como de um autoerotismo original – portanto, da autossuficiência inicial do indivíduo; ele mostra que a relação com o genitor (a mãe) existe de antemão e caracteriza não apenas indivíduos acometidos pela "falha básica". Dentre as "relações de objeto" é preciso privilegiar algumas: segundo a ótica desta escola, em Balint ou em Fairbairn, não é mais o "complexo de Édipo", um nó de rivalidade e de conflito, que constitui o eixo sobre o qual se fundamenta o psiquismo humano, mas a relação, muito anterior, que liga o recém-nascido à sua mãe, relação de apego e de dependência (o "amor primário" de Alice Balint).

A outra subtradição parte das críticas marxistas do freudismo, em Eric Fromm, ou da crítica social, culturalista e feminista de Karen Horney, enfim, da psiquiatria interpessoal de H. Sullivan, nos Estados Unidos (na década de 1930, Fromm e Horney, fugindo do nazismo da Alemanha, como Bettelheim alguns anos mais tarde, ali encontrarão Sullivan). Eles serão seguidos por alguns psicólogos do "eu" e também estabelecerão uma estreita relação com os antropólogos. Os representantes desta corrente psicanalítica lamentaram a ausência de interesse pela interação social em Freud e procuraram combinar as descobertas psicanalíticas com um estudo das formas sociais próprias aos diferentes regimes políticos contemporâneos, totalitarismo e democracia.

Fromm também chamou a atenção para um outro aspecto do modelo freudiano: a referência ao modelo econômico para descrever a vida psíquica dos homens. Não se trata, porém, de qualquer modelo, mas daquele em curso no século XIX, que implica, ao mesmo tempo, a solidão e a autossuficiência fundamentais do homem.

O indivíduo, primitivamente solitário e autossuficiente, estabelece relações econômicas com os outros visando um único objetivo: comprar e vender. A concepção freudiana das relações humanas é, em sua essência, de mesma natureza: o indivíduo aparece equipado, por completo, de pulsões biologicamente dadas, as quais devem ser satisfeitas. Para tanto, ele entra em contato com outros 'objetos'. Deste modo, os outros são sempre um meio para que ele alcance seus próprios fins, satisfaça aspirações que, em si mesmas, nascem no indivíduo antes que estabeleça relações com os outros. O campo das relações humanas, no sentido freudiano, é semelhante ao mercado – é uma troca de satisfações de necessidades biologicamente dadas.[98]

É inútil insistir no fato de que tal imagem da troca humana é profundamente insatisfatória. A deformação é dupla: por um lado, esse modelo econômico não permite compreender a própria realidade econômica; por outro, nos obriga a moldar as relações com as pessoas nas relações com as coisas; mas, neste caso, não há bens transmitidos independentemente dos sujeitos em contato, e o dom do amor não é um gasto como os outros: aqui, quanto mais damos, mais possuímos. Ainda que inúmeros desenvolvimentos na teoria freudiana fujam deste quadro geral (não seria possível, por exemplo, explicar a ação do superego através de um "princípio de prazer" qualquer, nem concebê-la fora da relação com os outros), tal teoria repousa, fundamentalmente, num hedonismo psicológico pouco verossímil.

Poucas teses da teoria freudiana original escaparam a uma crítica bem justificada; no entanto, o prestígio de Freud se mantém até hoje – e não sem razão. É que uma obra como a

---

[98] Fromm, *Escape from Freedom*, p.26; cf. também *La Mission de Sigmund Freud*, p.88-91, e *La Crise de la psychanalyse*, p.60-1.

sua não é constituída apenas de proposições que descrevem o psiquismo humano, ela é marcada também pela extraordinária personalidade de Freud, pela intensidade de seu engajamento existencial (bem diferente de um narcisismo indulgente), assim como pela força de sua escrita. O lado contrário desta admiração merecida é, no entanto, a reticência que as teorias pós-freudianas encontram em se opor claramente às primeiras. Não resta dúvida quanto ao fato de que a transformação da herança freudiana em texto sagrado e dogmático é contrária a uma das aspirações que animavam a empreitada de Freud: para ele, teoricamente, a busca pela verdade estava acima do respeito pela autoridade e, pelo menos durante uma parte de sua existência, ele esperava que suas hipóteses fossem ultrapassadas e abandonadas. No entanto, antes de se unirem para matar e devorar juntos o pai, de acordo com sua teoria, esses autores, muitas vezes analisados pelos pacientes do fundador, desejam, todos, permanecer fiéis a Freud, mesmo quando questionam os postulados de base de seu sistema. O mesmo ocorre com autores tão diferentes quanto Fromm ou Lacan, Balint ou Winnicott.

Devemos ainda constatar que graças aos esforços desses pensadores, uma nova psicanálise – não mais pulsional e, portanto, individual, como a de Freud, mas relacional – começou a despontar, no anonimato, há cerca de cinquenta anos. Quando Fairbairn diz, em sua fórmula que se tornou célebre: "Antes de tudo, a libido não busca o prazer, mas o objeto",[99] ele opera uma verdadeira revolução: o "objeto", isto é, o outro sujeito, torna-se o objetivo da atividade humana (e não há porque chamá-la sempre "libido"). Infelizmente, nenhum desses psicanalistas

---

99 Fairbairn, p.137.

inovadores teve o vigor de pensamento, o engajamento de escrita necessários para a criação de uma obra comparável à de Freud.

Divergências persistem entre os representantes desses diversos ramos da psicanálise contemporânea, mas suas contribuições são menos contraditórias do que complementares; por exemplo, a escola "culturalista" norte-americana insistiu na necessidade de reconhecimento e na luta pelo prestígio, ao passo que a escola inglesa das "relações de objeto" evidenciou a necessidade de reconforto e de apego experimentada pela criança, ou os processos de "introjeção" de bons e de maus "objetos". O mesmo pode ser dito de outras contribuições para o conhecimento da socialidade humana, que provêm da sociologia, da etologia ou, domínio particularmente sugestivo, da psicologia do desenvolvimento, a qual não se contenta mais em estudar somente os processos de aquisição cognitiva, mas analisa também a evolução "afetiva", portanto, relacional, da criança. No entanto, a construção das pontes entre as escolas e, de modo mais acentuado, entre as disciplinas se faz lentamente e com dificuldade (a obra do britânico John Bowlby representa o começo de tal síntese).

Antes de abordamos o cerne da questão, restam-nos ainda alguns questionamentos. Ao examinarmos as grandes tradições filosóficas e psicológicas e a imagem do homem por elas veiculada, vemo-nos obrigados a procurar uma explicação para sua cegueira diante de fatos tão notáveis, para a aceitação tácita ou explícita de uma concepção tão improvável. Por que ter substituído a narrativa de origem do indivíduo, que pode ser observada por qualquer um (o desenvolvimento da criança), por uma narrativa de origem da espécie necessariamente mítica, produto exclusivo da ideologia? Por que imaginar um ser solitário ao qual nunca tivemos e nunca teremos acesso? Por que não considerarmos apenas as relações de rivalidade, ou seja, de semelhança entre os homens, e ignorarmos as relações de contiguidade e de complementaridade? Por que relacionar a socialidade à moral e a amoralidade à solidão? A resposta a essas questões não reside com certeza na incapacidade intelectual de nossos autores. Mas onde estaria então? Ainda que não possa dar uma resposta definitiva, tenho certeza de que essas questões devem ser colocadas. Seguem, então, algumas reflexões por ela suscitadas em mim.

Se a narrativa de origem da espécie foi sistematicamente privilegiada com relação à narrativa de origem do indivíduo, a filogênese à ontogênese, sem dúvida, isto se deve, pelo menos em parte, ao fato de que os autores dessas narrativas são homens, não mulheres, ao passo que a origem do indivíduo, ou seja, o nascimento e os primeiros anos de vida pertenceram exclusivamente, durante séculos, ao universo das mulheres. A narrativa que diz respeito à espécie é pura especulação, a que concerne ao indivíduo procede da observação – entretanto, os narradores, exímios conhecedores, não tinham acesso à primeira ou não se interessavam por ela, e as observadoras eram proibidas de narrar. Podemos ainda nos perguntar se não houve um desejo de compensação inconsciente nos homens, os quais, não podendo procriar, buscam consolo na narrativa do nascimento do mundo. Mas este fato não é suficiente para explicar tudo: foram os homens também que, nos séculos passados, tentaram desestabilizar o domínio desse gênero de narrativa e chamar a atenção para a evolução do indivíduo, para a relação entre a criança e a mãe; até recentemente, o discurso teórico era uma prerrogativa apenas masculina.

A vida em comum

Uma segunda razão para a preferência dada ao indivíduo em detrimento da relação, ao homem em detrimento do inter--humano, pode ser a atração pela simplicidade. Michael Balint notou que uma situação comparável pode ser observada em várias disciplinas: numa determinada época, os economistas muitas vezes raciocinaram a partir da "hipótese Robinson", os biólogos achavam que a ameba, organismo estruturalmente simples, também seria encontrada na origem da vida na terra.

Uma terceira razão possível para esta cegueira seria a interpenetração de conceitos psicológicos e de conceitos morais: por um lado, a confusão entre isolamento e egoísmo; por outro, relação e generosidade. O social foi muitas vezes descrito como prova de simpatia inata e de civilidade; ora, temos uma atração irresistível por qualquer explicação que nos permita compreender que o homem é fundamentalmente mau, no caso, egoísta. Nisto reside, sem dúvida, um dos traços mais singulares da modernidade filosófica: com raras exceções, ela pressupõe que o mal diz a verdade do homem. Duvidamos de qualquer afirmação que admita a exigência de uma moral ser uma mentira edificante. De fato, se toda moral é social, toda socialidade não é moral. Entretanto, ignoramos esta dissociação e estamos sempre prontos a receber, como uma revelação audaciosa, como uma verdade subversiva, a afirmação de uma natureza humana má, ou seja, egoísta, solitária. Aqueles que resistem a tal redução são ainda acusados de moralismo, de fraqueza, de pusilanimidade: eles não ousam encarar a verdade.

Outra causa especificamente moderna desse recalque seria a confusão das categorias psíquicas e das categorias não mais morais, mas políticas. Nosso apego à igualdade como ideal político nos faz projetar seu modelo sobre a própria realidade social. Desta maneira, quando admitimos que é impossível evitar as relações sociais, nós as reduzimos às relações que pressupõem a igualdade: a rivalidade, a imitação; inconscientemente, vemos a sociedade à imagem da democracia, tal como aparecia nos escritos de seus primeiros críticos: um combate incessante entre rivais não hierarquizados. Nietzsche atribui a todos os homens o que Bonald pensa das democracias (que elas favoreçam a competição ilimitada). Mas qualquer sociedade, inclusive uma sociedade democrática, comporta tanto, senão mais, relações desiguais (hierárquicas) quanto relações igualitárias. Como compreender de modo diverso as relações entre pais e filhos, discípulos e mestres, empregados e empregadores, artistas e público? É esta onipresença da ideia de igualdade em nossa sociedade que explica talvez nossa inclinação para o modelo econômico como meio de conceber a ação inter-humana: converter tudo em mercadoria permite eliminar (ignorar) as diferenças hierárquicas entre as pessoas.

Uma última causa de nossa cegueira poderia ser buscada na esfera do amor-próprio, no caso, o do pensador, do sábio ou do filósofo. A espécie humana não deve se lisonjear com o fato de ser considerada má, mas o indivíduo pode sentir orgulho de se julgar não devedor a ninguém, e buscar, de maneira solitária, a verdade em vez da aprovação de seu público. É por orgulho que os homens professam as diferentes variantes da concepção associal, que se destroem com tantos pecados e crimes: egoísmo, brutalidade, parricídio! Ao se apresentarem como maus, afirmam-se solitários; o benefício que tiram desse posicionamento compensa, de maneira considerável, os inconvenientes resultantes de sua própria declaração. Ao carregarem esses crimes, eles podem ocultar sua incompletude constitutiva, e serem considerados donos de seu destino. Antes de declararem sua dependência, sua necessidade dos outros, eles estão prontos a confessar tudo; alcançam seu objetivo porque concebem a relação com os outros como puramente facultativa. Desta forma, o conteúdo da teoria garante o valor daquele que a profere.

II
Ser, viver, existir

Além da pulsão de morte

É difícil, em nossos dias, discorrer sobre a estrutura psíquica do ser humano sem fazer referência à concepção freudiana: este pensamento pouquíssimo ortodoxo em seu início tornou-se nossa ortodoxia, a terminologia freudiana entrou no uso corrente, e não podemos ignorá-la. Entretanto, as articulações mais gerais da teoria proposta por Freud sofreram, como sabemos, uma transformação sensível entre as formulações iniciais e suas sínteses finais. Num primeiro momento, de fato, Freud identifica dois grandes grupos de pulsões que dominam nossas atividades, as pulsões de autoconservação (dirigidas para o eu) e as pulsões sexuais (dirigidas para o outro). Como o próprio Freud não deixa de assinalar, aqui ele retoma apenas uma longa tradição: um verso de Schiller afirma que amor e fome governam o mundo (ora, em Freud, a fome é o exemplo privilegiado da autoconservação); Kant, por sua vez, reduzia também a dois nossos instintos: "*o amor pela vida e o amor sexual*, o primeiro em prol da conservação do indivíduo, o segundo em prol da conservação da espécie".[1]

Várias observações clínicas e uma reflexão profunda levarão, entretanto, Freud não a rejeitar, exatamente, esta distinção tradicional, mas a reduzir seu alcance e, desta forma, a incluí-la enquanto simples subdivisão numa outra articulação, que se tornou então dominante. É que, por um lado, a exploração do narcisismo convencerá Freud de que a autoconservação pode ser assimilada a um amor de si, então, não há mais oposição nítida entre essas duas variantes do amor, desde que atribuamos a este termo (ou ao de "Eros" ou de "libido") uma extensão suficientemente grande. Ora, esta unificação parece incomodar Freud, que definiu a si próprio como "dualista", cujo espírito procede sempre por oposições binárias. A dualidade dar-se-á, portanto, em um outro nível: o conjunto das pulsões "eróticas" ou pulsões de vida opõe-se agora às pulsões de morte, por vezes, designadas também "princípio de nirvana" (em seus escritos de juventude, geralmente, Freud emprega a expressão "princípio de inércia").

É claro que as razões estruturais (a necessidade de proceder por oposições) não são as únicas que levam Freud (em *Au-delà du principe de plaisir* [Além do princípio do prazer]) a introduzir a noção de pulsão de morte. Para isso também contribuem razões positivas e substanciais, essencialmente, de duas ordens. Em primeiro lugar, Freud observa alguns fenômenos de repetição, inclusive de situações extremamente desagradáveis, que não seria possível explicar através de uma busca qualquer do prazer

---

[1] Kant, *Anthropologie*, 87, p.1092.

e, portanto, através das pulsões de vida. Em segundo lugar, ele é levado a reconhecer que os comportamentos agressivos e destrutivos, quer sejam dirigidos contra o próprio eu ou contra o mundo exterior, portanto, contra os outros, nem sempre podem ser explicados em termos de sexualidade. As perversões sexuais cujas designações nos veem de imediato à mente, masoquismo e sadismo, são apenas, constata Freud neste momento, formações secundárias, combinações entre pulsões sexuais e pulsões de morte; há, de alguma forma, por detrás dessas pulsões, um masoquismo original (não sexual) e uma agressividade original, uma destruição de si e do outro.

Assim, podemos dividir os instintos, cuja existência já foi admitida, nesses dois grupos: as pulsões eróticas, que tendem a aglomerar cada vez mais substâncias vivas para torná-las unidades maiores, e as pulsões de morte, que se opõem a esta tendência e reconduzem a matéria viva ao estado inorgânico. É de sua conjunção e de sua oposição que decorrem os fenômenos da vida aos quais a morte põe fim.[2]

Entretanto, podemos nos perguntar se as duas fontes positivas desta nova noção, a tendência à repetição e à agressividade, remetem exatamente ao mesmo processo. Observamos, além disso no próprio Freud, certa ambiguidade terminológica, bem observada por Laplanche e Pontalis em *Vocabulaire de la psychanalyse* [Vocabulário da psicanálise]. Freud hesita, em sua interpretação da repetição, entre a redução progressiva de uma substância ao nada (o que a aproximaria da agressividade)

---

2 Freud, *Nouvelles Conférences sur la psychanalyse*, p.141.

e sua permanência no estado precedente, o que contribuiria para distinguir uma da outra. "As definições propostas destas noções, observam Laplanche e Pontalis, comportam sempre um equívoco: a tendência à redução absoluta e a tendência à constância são consideradas equivalentes."³ Freud é assim levado a falar da "destruição" e da "conservação" como se fossem sinônimos; ele hesita entre várias séries de termos: o princípio de inércia e o princípio de nirvana caminham no sentido da redução; o princípio de constância (eco provável do "princípio de estabilidade", introduzido por Fechner), a homeostasia, com todas as alusões ao segundo princípio da termodinâmica, remetem, ao contrário, à ideia de permanência, de equilíbrio imutável, de repetição ao idêntico.

Da mesma forma, não abandonamos verdadeiramente o pensamento de Freud se mantivermos esses dois elementos separados ao invés de amalgamá-los. Haveria, no fundo de todo ser humano, uma pulsão para permanecer idêntico a si mesmo e imutável; para repetir infinitamente o já existente. E por que falar apenas do ser humano? Esta tendência não está presente em qualquer ser e em qualquer matéria? Esta é a propriedade da matéria à qual parece se referir Spinoza em sua célebre afirmação: "Cada coisa, à medida que existe em si, esforça-se para perseverar em seu ser".⁴ Mas esta perseverança, esta propensão a ser, não é a vida. Também não é a morte, isto é, a passagem do orgânico ao inorgânico, como o sugere Freud, e, entretanto, tal propensão tem um caráter mórbido; ela consiste em afirmar o que, no ser vivo, deriva da matéria inerte.

---

3 Laplanche e Pontalis, *Vocabulaire*, p.329.
4 Spinoza, *Éthique*, p.217.

A vida em comum

O que existe não é a passagem de um para o outro, mas a manifestação do elemento inorgânico no ser orgânico, expressão da própria matéria. Deixar-se levar por esta mineralização de si (que cada ser humano conhece como estado psíquico), por esta fascinação pelo nada, é certamente uma conduta mórbida; entretanto, ela não implica em si própria nenhuma destruição ativa, nenhuma agressividade.

Voltemo-nos agora para esta última. Poderíamos observar, em primeiro lugar, que a agressividade torna-se específica segundo a posição do ser agredido com relação ao sujeito agressivo. A situação mais comumente evocada implica certa similitude entre agressor e agredido: somos rivais na obtenção do mesmo objeto, do mesmo favor, e agrido o outro para ser o primeiro (o único) a ocupar este lugar cobiçado. A agressão é, portanto, apenas um meio a serviço da busca pelo reconhecimento: é uma eliminação dos rivais. Observamos, com relação a Bataille, um outro tipo de agressão, aquela para com os seres julgados inferiores: neste caso, a busca pelo reconhecimento também não está ausente, ainda que adquira uma forma paradoxal, já que a submissão, até mesmo a destruição física do outro, tornou-se o meio para provar a mim mesmo, ou a um terceiro, minha soberania (é o prazer do torturador e do assassino). Uma terceira forma de agressão está ainda mais diretamente ligada à busca pelo reconhecimento: é a que exerço contra seus detentores potenciais, meus superiores, para me vingar do que se recusam a me conceder. É a agressão do apaixonado não correspondido, da criança que agride os pais negligentes, do mau aluno que se volta contra o professor, do indigente que ofende o benfeitor que o decepciona.

Uma quarta forma de agressão pode parecer diferente, à primeira vista: é a autoagressão. Podemos considerá-la como um meio indireto da busca pelo reconhecimento? Não existe um masoquismo original e irredutível? A questão mereceria um exame atento, mas podemos observar, de antemão, que desde o gesto da criança que se fere propositalmente para chamar a atenção dos pais até o gesto do suicida que deixa uma mensagem para aqueles de quem não recebeu amor suficiente, os atos autodestrutivos, de modo geral, dizem respeito à interação com o outro e à demanda de reconhecimento. É possível que a agressividade, ou a pulsão destrutiva, não seja uma pulsão à parte, mas um caminho, dentre tantos outros, tomado por nosso psiquismo na busca por satisfações, como o praticamos em outros momentos.

Além disso, podemos nos perguntar se não há uma certa confissão de impotência em querer explicar nossas condutas postulando arbitrariamente em sua origem uma "pulsão" ou um "instinto" como causa suficiente: dizer que uma "pulsão agressiva" explica nossa agressividade é como explicar nossa propensão ao sono por um "instinto dormitivo". Retomo aqui as conclusões de Fromm, mas limitando-as à pulsão agressiva, e excluindo a pulsão de repetição. Com relação às pulsões de vida e de morte, Fromm escreve:

> Não se trata de um antagonismo entre duas forças biológicas inatas, relativamente constantes e lutando uma contra outra até a vitória final da pulsão de morte, mas de um conflito entre a tendência na qual reside a própria essência da vida [...] e sua antítese, originária do fato de que o indivíduo fracassou nesta empreitada. Segundo esta perspectiva, a "pulsão de morte" [...]

A vida em comum

provém da psicologia e não, como o supunha Freud, dos fenômenos biológicos normais.⁵

As pulsões de agressão e de ódio não são qualitativamente diferentes daquilo que Freud designa pulsões de vida, sexual e de "autoconservação", de "amor" e de "fome". No entanto, podemos nos perguntar agora: se nos colocarmos sob o ponto de vista do reconhecimento, essas expressões recobrem realidades homogêneas? Há, certamente, em nós um instinto de conservação da espécie e de reprodução; sua satisfação não passa pela captação do olhar do outro, assim como também não resulta do próprio prazer físico – que poderia ser observado até mesmo na vida sexual de um cachorro. Mas é evidente que não podemos reduzir o vasto domínio do amor e do erotismo, no qual a existência do outro desempenha um papel constitutivo, a este tipo de satisfações. Sem dúvida, a fome e a sede nos impelem a comer e beber, mas elas explicam apenas de maneira muito incompleta o conteúdo de nossos pratos, xícaras e copos: comemos e bebemos uma coisa ou outra de acordo com nossas tradições étnicas, sociais e familiares, em função do valor social dos diferentes alimentos, levando em conta as pessoas em companhia das quais nos encontramos.

Em outras palavras, há dois níveis de organização em nossas "pulsões de vida": um que partilhamos com todos os seres vivos, satisfação da fome e da sede, busca de sensações agradáveis; o outro, especificamente humano, que se constrói sobre nossa incompletude original e sobre nossa natureza social: o das relações entre indivíduos. Victor Hugo dizia: "Os animais

---
5 Fromm, *Le Coeur de l'homme*, p.63-4.

vivem, o homem existe", e, retomando esses termos, poderíamos designar o primeiro nível de organização o do "viver", o segundo, o do "existir".⁶

Tendo partido da distinção freudiana entre pulsões de vida e pulsões de morte, chegamos a uma tripartição – entre ser, viver e existir. A pulsão de ser, nós a partilhamos com qualquer matéria; a pulsão de viver, com todos os seres vivos; mas, quanto à pulsão de existir, esta é especificamente humana.

Os três estágios

Não devemos reduzir o humano ao especificamente humano. O homem é, antes de tudo, um objeto material, e esta propriedade dita alguns de seus comportamentos. Ele é, ao mesmo tempo, um ser vivo, um animal, e partilha com os animais traços característicos; um segundo grupo de comportamentos pode ser explicado a partir daí. Mas ele também é um ser humano, diferente de todos os outros, que vive em sociedade, em companhia de outros homens. Estes três níveis, cósmico, animal e social, são irredutíveis um ao outro, ainda que possamos distinguir alguns casos extremos.

A primeira fronteira situa-se, então, entre ser e viver, entre estabilidade e movimento, entre identidade e transformação. Os comportamentos extremos que manifestam a pulsão de ser são a prostração, a depressão grave, a perda de si no nada; mas as ações parcialmente influenciadas por esta pulsão são bem mais comuns. Quem não se lembra daqueles momentos em que nos sentimos como se fôssemos de madeira, de pedra,

---

6 Hugo, *Critique*, p.389.

A vida em comum

de cimento, em que o ser todo parece mineralizar-se, em que nada nos interessa, em que não temos mais vontade de falar, mal nos movemos, e apenas de acordo com nossos hábitos, em que os outros não existem, quando nos nutrimos [*nourrir*] em vez de fazer refeições [*manger*], quando a percepção se esvai, enquanto somos dominados por uma indiferença invencível? Esta imobilidade não é certamente enriquecedora, entretanto, não é isso que lhe pedimos; ela exerce sobre nós um efeito tranquilizador, ainda que sua ação seja, na verdade, negativa. De maneira paradoxal, ela é nossa única experiência imediata do infinito e do absoluto: só o nada participa dessa empreitada; as construções sempre provisórias da vida são, necessariamente, finitas, parciais, relativas.

Uma versão mais ativa desse estado consiste em realizar gestos obsessivos e mecânicos, em encadear ações desprovidas de sentido, mas que já foram realizadas no passado. Atitudes que, certos dias, parecem recobrir a totalidade da existência: cortar a grama do jardim, limpar a casa ou o carro, arrumar, isto é, estabelecer uma ordem imutável desejada, examinar os itens de uma coleção. A reprodução do idêntico é igualmente contrária à vida: "Este retorno imutável dos mesmos fatos e das mesmas situações parece ser o que mais exatamente reprime os impulsos dos homens",[7] observa Karl Philipp Moritz, fino observador do comportamento humano, em *Anton Reiser,* sua autobiografia romanceada.

Finalmente, é preciso considerar uma pulsão de ser mais positiva: a de uma indiferenciação com relação ao mundo que nos cerca, de uma dissolução no cosmos, a que permite se

---

7 Moritz, *Anton Reiser*, p.373.

sentir como a planta que cresce, como a pedra que brilha sob a luz do sol. É uma experiência desta natureza que nos oferece Rousseau em sua célebre quinta *Rêverie*: um estado feito de imobilidade e de repetição, que permite esquecer nossa incompletude constitutiva (nem os animais nem as plantas a conhecem de fato).

Existe um estado em que a alma encontra um lugar bastante sólido para repousar por completo e aí congregar todo seu ser, sem precisar lembrar-se do passado nem precipitar-se sobre o futuro; em que o tempo não é nada para ela, em que o presente dura para sempre sem, entretanto, marcar sua duração e sem nenhum rastro de sucessão, sem nenhum sentimento de privação nem de gozo, de prazer nem de dor, de desejo nem de medo senão o de nossa existência, e que este sentimento possa satisfazê-la por completo.[8]

Tendo nos dissipado de nossa humanidade, alcançamos "uma felicidade suficiente, perfeita e plena, que não deixa na alma nenhum vazio a ser preenchido".[9]

Mas, é claro, esta sensação, que diz respeito a uma ausência de humanidade, não corresponde exatamente ao que o próprio Rousseau designava, em outro momento, o sentimento de existência; o que encontramos aqui é antes um sentimento de ser. Podemos aproximar esta atitude de estados tão diversos quanto a libertação budista, a ataraxia estoica ou o quietismo cristão (que implicam todos uma aceitação do mundo como

---

8 Rousseau, *Rêveries*, p.1046.
9 Ibid.

A vida em comum

ele é, uma renúncia à tentação de torná-lo mais conforme aos nossos desejos). Se me confundo com o universo, de maneira harmoniosa, não preciso reservar um lugar particular para minhas necessidades vitais nem para a coexistência humana. No lugar da incompletude social, encontramos uma plenitude cósmica; meu sentimento de ser está integrado ao sentimento de ser da borboleta, da flor e das ondas do mar.

A segunda fronteira essencial separa viver e existir. Ela é negada por várias escolas de pensamento que poderiam ser designadas biologistas. Schopenhauer, grande fonte de inspiração para Freud, foi um de seus eloquentes porta-vozes. Ele escreve, por exemplo:

> Nossa natureza animal é o fundamento de nosso ser e, consequentemente, de nossa felicidade também. O essencial para o bem-estar é, portanto, a saúde [...]. A honra, a ostentação, a grandeza, a glória, qualquer valor que lhes seja atribuído, não podem concorrer com estes bens essenciais nem substituí-los [...]. Será, então, salutar para nossa felicidade conhecermos em tempo este propósito tão simples: cada um vive, antes de tudo e efetivamente, em sua própria pele e não na opinião dos outros.[10]

Do mesmo modo, para Schopenhauer, a psicologia do amor se reduz à necessidade de reprodução da espécie, o que é bastante contestável: o homem *vive* talvez, antes de tudo, em sua pele, mas só começa a *existir* pelo olhar do outro; ora, sem existência, a própria vida se extingue. Cada um de nós nasce duas vezes: na natureza e na sociedade, para a vida e para a

---

10 Schopenhauer, *Aphorismes sur la sagesse dans la vie*, p.41.

existência; tanto uma quanto outra são frágeis, no entanto, os perigos que as ameaçam não são os mesmos. O homem é um animal, é verdade, mas ele não é apenas isto.

Numa perspectiva biologista também (que vê, então, no biológico não somente o fundamento de toda a vida humana, mas também de sua finalidade), podemos reconhecer a presença das relações inter-humanas desde a mais tenra idade; entretanto, tais relações são para nós instrumentais, estabelecidas com o intuito de conseguir algo que não elas próprias: a criança, certamente, precisa de sua mãe, mas para comer. Posteriormente, é este mesmo espírito que busca explicar o comportamento humano por um suposto "princípio de prazer". Mas esta concepção hedonista não esclarece melhor nossas escolhas psíquicas do que nossas decisões econômicas na vida adulta. O grande mérito de Fairbairn foi ter declarado: o desejo não busca o prazer, mas a relação. A relação com o outro não é um meio (para nos satisfazermos, para gozarmos sexualmente), é o objetivo que perseguimos para nos assegurarmos de nossa existência (o prazer, por sua vez, pode tornar-se um meio para estabelecer uma relação). Fairbairn fez sua descoberta ao observar crianças vítimas de grande sofrimento, maltratadas, espancadas, torturadas pelos pais, que, no entanto, não queriam sair de casa. Como explicar tal fato? Postular a existência de uma "pulsão de sofrimento"? Certamente não. Na verdade, as crianças preferiam os maus-tratos dos pais aos agrados dos estranhos: os maus-tratos eram uma forma (dolorosa) de reconhecimento, os agrados dos estranhos em nada reforçavam seu sentimento de existir.

A assimilação das necessidades "sociais" às necessidades biológicas como a fome, prática ainda corrente em nossos dias,

A vida em comum

é profundamente desconcertante: ela apresenta a relação com as pessoas como se fosse uma relação com as coisas. Posso apropriar-me de um objeto: antes, ele estava longe de mim, agora está bem mais próximo. Se como uma maçã, ela deixa de sê-lo, eu a transformo — definitivamente — em alimento assimilável por meu corpo. Mas nada de comparável acontece em minhas relações com uma pessoa (a menos que, é claro, eu a transforme em objeto, prática que, infelizmente, pode ser averiguada em vários casos, sem, entretanto, mostrar-se capaz de confirmar minha existência): aproveitar-me deste outro não implica sua destruição, ao interiorizá-lo não reduzo sua autonomia. A coisa transformada não pode aqui ser desvinculada do próprio processo de transformação, como um objeto que passa de mão em mão; o que desejo é, justamente, a relação — o amor, o reconforto, o reconhecimento —, não algo que esta relação poderia me oferecer. Nunca se poderá dizer que estamos repletos de prazer (reconhecimentos), como se diz de um odre cheio de vinho.

A satisfação da pulsão de viver e da pulsão de existir pode ocorrer de forma paralela, e neste caso será difícil distingui--las. Mas a satisfação de uma pode ir contra a satisfação da outra; nada nos garante, como parece crer Schopenhauer, que preferiríamos viver a existir. Frequentemente, renunciamos aos prazeres sensuais, à comida e ao prazer sexual pela busca de prazeres "simbólicos", pela aprovação do outro e pela aquiescência de uma parte de nossa própria consciência. Podemos ir mais adiante e escolher, deliberadamente, a falta de prazer físico para obter o que acreditamos ser uma purificação moral: jejuamos, praticamos a abstinência, mortificamos a carne usando o burel ou impondo-nos a flagelação. De modo geral, as situações são menos nítidas. Assim, Moritz descreve o comportamento de seu herói: "Reiser encontrava, realmente, prazer em sua leitura? Em todo caso, foi uma grande satisfação para ele ter sido visto pelo chantre nesta atitude. Neste traço, podemos discernir sua inclinação para a vaidade. Para ele, as aparências contavam mais do que o próprio objeto, ainda que este não lhe fosse indiferente".[11]

A fronteira que separa viver e existir é também aquela que distingue o homem dos animais. É claro que a fronteira real não é tão nítida quanto o fazem supor as palavras: não somente o homem vive, como os animais, mas os animais também existem, como o homem, ainda que em menor grau. O macaquinho, assim como a criança, precisa de proteção, de segurança e de reconforto. Quando os macacos se cortejam, ocorre uma troca de "olhares" entre eles. O olhar, o olho no olho, para muitos animais significa uma ameaça, muitas vezes, o olhar do chefe da matilha é suficiente para que o cachorro desobediente retome seu lugar de subordinado. Os animais domésticos buscam intencionalmente o reconhecimento humano. Estes são alguns exemplos de coexistência social que passam, como no homem, pelo olhar. No entanto, esses momentos de coexistência nos fazem lembrar que os traços humanos são limitados no tempo e seu papel é restrito: na maior parte do tempo, a vida prevalece sobre a existência, ao passo que o contrário é verdade para o homem. A consciência humana não surge do nada, ela é moldada pelas formas de vida animal; entretanto, não seria possível confundir estado embrionário e estado desenvolvido.

---

11 Moritz, *Anton Reiser*, p.142.

A vida em comum

A necessidade de existir nunca pode ser totalmente preenchida, nenhuma existência já vivida nos liberta da demanda de novas coexistências. A razão da incompletude constitutiva não é, portanto, a inevitável socialização de um ser desejoso que seria fundamentalmente solitário, mas a oposição entre uma demanda infinita e sua satisfação forçosamente parcial e provisória. Esta necessidade surge pouco depois de nosso nascimento físico e só desaparece na inconsciência que precede à morte. O reconhecimento de nossa existência, que é a condição preliminar de toda coexistência, é o oxigênio da alma: assim como o fato de respirar hoje não me desobriga do fato de respirar amanhã, os reconhecimentos passados não são suficientes no presente.

Não podemos consolar aquele que lamenta a falta de reconhecimento, lembrando-lhe de seus sucessos passados, senão por uma atitude ingênua ou maldosa; esta lembrança, no entanto, só faz aumentar, de maneira cruel, a falta das glórias do presente. Os sucessos do passado acusam mais do que compensam a ausência dos sucessos de hoje. Não posso baixar o nível de minhas exigências, criar um sistema de compensações secundárias (até mesmo terciárias!), e qualquer que seja a soma de conhecimentos já recebidos, não posso dispensar um reconhecimento novo.

A comparação entre necessidade de reconhecimento e necessidade de respirar não é totalmente fortuita, e a encontramos nos escritos dos mais diversos autores. Moritz a descobre no que diz respeito à imagem de si da qual cada ser é dotado: "A confiança em si é tão indispensável à nossa vida quanto a respiração o é à nossa atividade física";[12] mas a confiança em si é essencialmente uma imagem positiva que os outros teriam de

---
12 Ibid., p.146.

mim e que, por minha vez, interiorizei. O outro é como o ar para mim, diz Balint, ao mesmo tempo, exterior e interior a mim, na atmosfera e em meus pulmões, e ainda imperceptível: só descubro o quanto ele me é necessário à medida que corro o risco de perdê-lo; ser privado da coexistência é sentir-se sufocado. Na ausência de todo reconhecimento surge a angústia que, como a angina, provoca os sintomas físicos do sufocamento, da asfixia, do nó na garganta; quando nos sentimos oprimidos, os pulmões parecem não mais se dilatar.

A condição física da falta de reconhecimento é a solidão: se os outros estão ausentes, por definição, não podemos captar seu olhar. Mas o que é ainda mais doloroso do que a solidão física, com a qual podemos lidar e para a qual podemos encontrar uma saída, é viver no meio dos outros sem destes obter nenhum reconhecimento. William James formulou muito bem tal pensamento em sua "descrição do eu social":

> O eu social do homem é o reconhecimento que este obtém de seus semelhantes. Somos não apenas animais gregários, que gostamos de viver próximos de nossos companheiros, mas temos também uma inclinação inata para sermos notados, e notados com aprovação, pelos seres de nossa espécie. Não se poderia conceber nenhum castigo mais diabólico, se fosse fisicamente possível, do que ser abandonado na sociedade e permanecer completamente despercebido por todos os outros membros que a compõem.[13]

É a posição do estrangeiro, do marginal, do excluído que nos permite conhecer tal situação; os pobres, já observava Adam

---
13 James, *Principles of Psychology*, p.293.

Smith, são aqueles que ninguém nota, que não chegam a existir aos olhos dos outros. "O pobre entra e sai sem que o notemos, e, quer esteja no meio da multidão ou solitário em seu casebre, ele se encontra na mesma obscuridade."[14] "O homem invisível", como o negro americano, na descrição clássica de Ralph Ellison.

> Sou invisível, note, simplesmente porque as pessoas recusam-se a me ver. [...] Muitas vezes, somos levados a duvidar realmente de nossa existência. [...] Somos devorados pela necessidade de nos convencer de que existimos, realmente, no mundo real [...], dizemos um montão de palavrões e prometemos fazer que os outros nos reconheçam.[15]

A velhice, por sua vez, é não somente uma diminuição das forças vitais, mas também da existência. Sua causa primeira é o aumento da solidão. "Comecei a morrer pela solidão", escreve Vitor Hugo: a existência pode acabar antes mesmo que a vida se apague. O ser social do idoso é progressivamente "desconectado" das diferentes redes das quais ele participava; o tédio torna-se a experiência principal de sua vida. Aqueles que habitualmente concedem reconhecimento desaparecem um após o outro (é a seleção natural), e aqueles que os substituem – as "novas gerações" – não têm mais nenhum interesse por ele e também não lhe interessam (é a seleção voluntária). Eles não precisam do idoso nem este deles, ao passo que a pulsão de existir se mantém.

---

14 Smith, *Moral Sentiments*, p.51.
15 Ellison, *Homme invisible*, p.19-20.

Há uma "solidão daquele que está morrendo", isto é, do idoso, que é especificamente moderna, diz Norbert Elias: temos medo da morte, e também de tudo que nos faz pensar nela, preferimos afastar de nosso olhar os que a lembram demais. Internamos os idosos em casas de repouso onde eles só veem outros idosos: nos livramos desse espetáculo inconveniente, mas eles desfrutam apenas de um ínfimo sentimento de existência nesses lugares frequentados não por aqueles que contaram em sua vida, mas por desconhecidos, que, além do mais, são semelhantes a eles, portanto, inúteis. Uma pluralidade de solidões não cria uma sociedade. O passo seguinte é o hospital, onde, em nossos dias, morre a maioria das pessoas idosas: cuidamos de seus órgãos, não de seu ser; procuramos prolongar sua vida, não sua existência. Os idosos morrem sós: a existência os abandona antes da vida.

A origem dos indivíduos

A origem da espécie não nos é acessível; a dos indivíduos se mostra a nossos olhos quotidianamente: é a evolução de nossos filhos. Gostaria, agora, de voltar-me a ela, propondo uma narrativa "ideal": fundada sobre observações de psicólogos contemporâneos, mas simplificada e generalizada. Como surge a existência? Quais são as interações sociais elementares, irredutíveis umas a outras, sobre as quais se construirão as interações complexas do mundo adulto? Não existe resposta unânime para essas questões. Os psicólogos e psicanalistas da infância ficaram, muitas vezes, tão impressionados com suas descobertas que quiseram generalizá-las ao conjunto das atividades infantis: se tudo não é agressão, então, tudo é amor,

A vida em comum

poderão nos dizer, ou apego, ou reconforto, ou cuidados, cada um desses termos devendo descrever o conjunto das relações pais-filhos. Podemos nos perguntar se, antes de serem interpretações recorrentes dos mesmos fatos, não se trata de fatos diferentes, que devemos tentar situar uns com relação aos outros. A tarefa não é simples.

Ela torna-se, sobretudo, árdua pelo caráter realmente singular deste ser, o recém-nascido, que procuramos forçosamente assimilar a realidades mais familiares. Os psicólogos não escapam dessa tentação. Uns falam, mesmo depois do nascimento, de uma simbiose total entre a mãe e a criança; ora, esta só existe metaforicamente, e apenas no espírito da mãe, nunca no da criança. Outros, cedendo sem dúvida a um adultocentrismo inconsciente, projetam na pequena infância um estado de espírito bem mais tardio. Somente de um ponto de vista plenamente desenvolvido podemos ver a criança como encarnação de um egoísmo inicial (Piaget) ou de um autismo infantil (Mahler), descrever sua evolução como um esforço para superar sua impotência (Fairbairn) ou para atingir a independência (Winnicott). Na verdade, não é fácil pensar este estado inicial em que dois seres, criança e mãe, estão bastante separados e em que, no entanto, um precisa tanto do outro.

Uma coisa, entretanto, é certa, quaisquer que sejam os termos dos quais nos servimos para descrevê-la: a criança nasce com necessidade dos outros e com predisposição para estabelecer contato com eles. Ela é, para falar como Rousseau, "feita para tornar-se social".[16] Desde as primeiras horas de sua vida, ela reconhece um objeto dentre todos: o rosto humano,

---

16 Rousseau, *Émile*, p.600.

que identifica como tal pela presença dos olhos. A criança distingue também, desde as primeiras semanas, a voz humana dos outros sons.

Quanto à necessidade dos outros, ela se estende também, é claro, ao que nomeio aqui vida: o bebê não poderia sobreviver sem ser alimentado por um outro. Mas esta dependência biológica, evidente, durante muito tempo serviu para dissimular uma outra dependência que, por sua vez, é social: a necessidade de existir, e não apenas de viver. Ora, tudo parece indicar que, a princípio, as duas necessidades são distintas: a necessidade de ser reconfortado não é um substituto à necessidade de ser alimentado. Tal fato pôde ser melhor constatado a partir de uma célebre experiência de Harlow com macaquinhos: estes preferiam uma boneca-macaco que oferecesse o mesmo contato que sua mãe em vez de uma boneca que os alimentasse mas que não podiam tocar. Da mesma maneira, e ainda mais, a criança precisa de colo, de reconforto, de cuidados e de carinho, e não somente de comida. A primeira distância sobre a qual pode se focar o olhar de uma criança não é de 2 centímetros, no seio materno que a alimenta, mas de 20 centímetros, onde se encontra o rosto de sua mãe.

Trata-se ainda de uma visão muito biologista da evolução do indivíduo identificar as grandes etapas de sua evolução como: fase oral, fase anal, fase genital. Esses "estágios", estabelecidos por Abraham e retomados por Freud, ilustram não somente o postulado sexualista da teoria – a sexualidade "normal" (adulta) é o objetivo a ser atingido, e o corpo da criança, recortado apenas em função das teorias –, mas também seu espírito antissocial: nenhum desses estágios é identificado por uma relação específica com o outro, como se tudo que contasse para a criança já estivesse contido em seu próprio corpo. A criança aprende a olhar antes mesmo de mamar; mas se dar conta, de maneira apropriada, deste estágio "escópico" é algo que pode demorar (o "estágio do espelho" lacaniano é um passo ambíguo nesta direção).

Há muito tempo, a psicologia genética estabeleceu que a evolução da criança não provém da aquisição de elementos radicalmente novos, mas, antes, da diversificação e da especialização de atividades que estão presentes, de antemão, e nos parecem, só depois, sincréticas. A criança esta predisposta à socialidade desde o nascimento, mas este dispositivo de interação torna-se cada vez mais complexo e nuançado – pelo menos até a ascensão à idade adulta. O afetivo não precede o cognitivo, o si mesmo não surge antes do outro: tudo está presente de antemão antes de se diferenciar e de se aperfeiçoar.

A distinção mais elementar situa-se entre um princípio passivo e um princípio ativo: na interação, a criança aspira, ao mesmo tempo, ser paciente e agente. Ela é passiva quando é reconfortada por seus pais, ativa quando busca explorar seu meio. Ela quer, ao mesmo tempo, sentir-se segura e desperta para o mundo, encontrar, portanto, o conhecido e descobrir o desconhecido; ela pratica, ao mesmo tempo, para falar como Piaget, a assimilação (do mundo em si) e a acomodação (de si ao mundo). Esta dualidade fundadora não corresponde a uma oposição entre a necessidade do outro e a afirmação de si: a criança afirma-se tanto por sua dependência do outro quanto por sua curiosidade com relação ao mundo externo, e sua necessidade dos outros constitui a base tanto de uma quanto de outra atividade. A alternância de momentos mais ativos ou mais passivos é, ao contrário, reforçada pela alternância paralela de presenças e ausências por parte dos pais, portanto, por momentos de proteção e de reconforto e, por outro lado, de abandono. Esses momentos de separação não são menos construtivos da relação com o outro do que os momentos de presença: a criança deve se sentir reconfortada para poder explorar o mundo desconhecido à sua volta, mas é a ausência que a levará a construir progressivamente a identidade dos pais, a tornar-se consciente da passagem do tempo e que a preparará para a aquisição da linguagem. Essa mesma ausência inevitável, por mais provisória que ela seja, a tornará pouco a pouco sensível à sua incompletude original, ao fato de que ela não forma um todo autossuficiente. O resto de sua vida será consagrado a tentativas para preencher a falha básica (se tal uso pode ser feito, mudando um pouco o sentido, da expressão de Balint).

A diversificação do contato social na vida da criança é contínua. Todavia, devido às exigências deste ensaio, preferimos distinguir estágios, caracterizados, cada um, pela aquisição de uma nova forma de interação. Não podemos negar que tal separação contém uma parte de arbitrário: as mudanças não acontecem num só plano, os diferentes aspectos da personalidade não evoluem no mesmo ritmo, privilegiando um dentre eles, negligenciamos inevitavelmente outros. Há também grandes variações na evolução individual das crianças: qualquer indicação de idade só pode ser levada em conta por uma média aproximativa. É assim que devemos compreender a descrição seguinte dos estágios evolutivos, na qual me inspiro, numa visão de conjunto recente sobre a questão, a de H. R. Schaffer. Darei, para maior comodidade, um nome evocador para cada um. Esses estágios, devemos precisar, dizem respeito a situa-

A vida em comum

ções de interação entre a criança *e* os pais; somente de maneira artificial podemos isolar a evolução da criança e não mencionar as ações complementares dos pais.

Estágio I: contato (de 0 a 2 meses). A principal aquisição deste estágio é de ordem biológica: a criança adota os ritmos fundamentais de sono e de vigília, de absorção de alimentos e de expulsão de excrementos. Mas, nem por isso, a interação social está ausente: predisposto, como o vimos, a distinguir vozes e rostos humanos, o bebê identifica rapidamente a voz e o rosto de seus pais e aprende a chamar sua atenção através do choro ou do riso. Enquanto é alimentado, entra necessariamente em interação com a pessoa que o segura nos braços: o longínquo embrião do diálogo aí se faz presente. A criança não distingue muito bem as pessoas das coisas: um rosto pintado e um rosto real provocam nela reações semelhantes.

Estágio II: olhar (de 2 a 5 meses). Dominando agora seus ciclos biológicos fundamentais, a criança pode se voltar mais para o ambiente. A evolução biológica mais significativa, que sobrevém no início deste período, é a capacidade de focar seu olhar em distâncias variáveis (ao passo que, na fase anterior, a focalização não atingia mais do que vinte centímetros, todo o resto permanecendo indistinto). De fato, as capacidades visuais alcançam rapidamente seu pleno desenvolvimento. A criança não se contenta mais em olhar os pais, ela procura atrair e reter o olhar destes; aprende também a desviar o seu, conscientemente. O riso torna-se uma reposta controlada à solicitação. Ocorrem as primeiras trocas vocais, ainda que permaneçam bem mais elementares do que as trocas de olhar. Interações mais elaboradas se estabelecem agora: às vezes, os pais e a criança agem em conformidade (por exemplo, "cantam" juntos); outras vezes, alternadamente, cada um em sua vez. Além disso, o visual e o vocal podem ser coordenados.

Estágio III: manipulação (de 5 a 9 meses). No começo deste período, ocorre uma mudança física importante: a criança adquire uma maior destreza nos gestos e uma capacidade de manipular os objetos que a cercam; tudo o que é novo a fascina; e ela o assimila com avidez. Consequentemente, ela se desvia, em certa medida, da interação humana para se concentrar no mundo dos objetos. Os seres humanos tornam-se ou objetos entre os outros, que buscamos explorar ou manipular, ou parceiros nesta exploração. Podemos dizer que a díade inicial é superada durante este período por situações triádicas, constituídas por dois sujeitos e um objeto. As relações de alternância e de colaboração serão agora reforçadas. O gesto de apontar, pouco elaborado no momento, encarna esta interação: ele designa um objeto cujo destinatário é um outro sujeito. A criança também aprende, nesta fase, a nomear certos objetos. O aumento da habilidade manual a leva a explorar objetos manipuláveis: estes se movem em função de seus gestos.

Estágio IV: memória (de 9 a 18 meses). De acordo com vários autores, as mudanças ocorridas por volta do nono mês são tão importantes que devem ser consideradas um segundo nascimento, uma entrada definitiva no mundo humano. A evolução mental, o desenvolvimento da memória, permitem à criança interiorizar a dimensão temporal; deste modo, ela começa a identificar os indivíduos ao redor de si; as pessoas são, portanto, definitivamente separadas das coisas. A criança se fixa sobre certos indivíduos familiares que identifica facilmente, e teme os estranhos. Ela se lembra tão bem do passado que este influencia seu comportamento presente: ao passo que, por exemplo, o macaquinho expressa sinal de contentamento quando sua mãe reaparece depois de ter se ausentado, a criança, sem receios, "mostra descontentamento" para puni-la de sua ausência passada, e, ao fazê-lo, imita a mãe que pode ter-lhe negado atenção. O quase diálogo dos estágios precedentes dá lugar agora a um diálogo real (ainda que não verbal), como na brincadeira bastante conhecida e apreciada do "cadê o bebê? – achou!"; a reciprocidade se estabelece. Finalmente, ao reconhecer o outro como parceiro de diálogo, a criança se constitui a si mesma como sujeito e descobre a intencionalidade: ela realiza agora uma ação porque ela o quer, não como reação às solicitações externas. Ela começa também a perceber uma clara diferença entre o grupo dos pais-adultos e o das crianças--parceiras, portanto, entre, parceiros assimétricos e simétricos; os comportamentos de rivalidade entre membros da mesma faixa etária tornam-se possíveis. As estruturas triádicas agora reúnem três sujeitos distintos.

Estágio V: linguagem (a partir de 18 meses). A aquisição da linguagem é preparada pelo domínio de ações, estabelecida no decorrer dos estádios precedentes. Por um lado, a criança consolidou em si, essencialmente através do jogo, a capacidade de simbolizar, ou seja, de associar, de maneira estável, duas entidades, das quais uma pode estar ausente; trata-se também de um esboço do processo de referência, ou designação de segmentos do mundo. Por outro, a criança conhece a prática do "diálogo" pré-verbal, da colaboração com um parceiro, um objetivo comum presidindo às ações dos dois participantes. A linguagem, uso de signos verbais preestabelecidos, combina duas funções, referencial e comunicativa, estendendo-as significativamente: podemos, no momento, nomear todos os objetos, todas as situações e nos comunicar com todos aqueles que conhecem o mesmo código, ou seja, a mesma língua. O sentido se desprende do "referente" (do mundo designado) para se fixar na mente dos falantes, para o qual é transportado pela imagem mental dos sons. A interação possibilitada pela linguagem – a conversa – é, neste sentido, superior a tudo que a precedeu, tanto em sutilidade quanto em eficácia, de tal maneira que ela se torna a atividade humana por excelência, influenciando, por sua vez, todas as outras formas de interação. A própria linguagem é social, uma vez que nos é transmitida por outros homens que nos precederam, e sua aquisição consagra a entrada definitiva e irreversível da criança na existência. Esta aquisição compreende, por sua vez, várias etapas e, em certo sentido, não acaba nunca.

Podemos, agora, evocar estes mesmos estágios para tentar observar quais são as formas elementares de interação que a criança adquire progressivamente. Isto consistirá, de alguma maneira, num vocabulário de base, do qual derivarão, por combinação e transformação, as ações complexas da vida adulta.

No decorrer do primeiro estágio, o do contato, a atividade que se distingue das simples funções fisiológicas foi descrita pelos especialistas com a ajuda de termos diferentes, mas de sentido próximo: as crianças buscam o contato reconfortante de um corpo carinhoso e acolhedor, elas "querem" colo, carinho, estar cercadas por odores e sons que se tornarão familiares; às vezes, dizemos, elas querem, projetando sobre elas uma visão adulta, sentir-se protegidas e seguras, elas precisam de acolhimento e de ternura. Este é um comportamento primário que não substitui outro nem visa obter algum resultado; é uma finalidade em si, que, às vezes, atribuímos ao "instinto de contrair-se" (*clinging instinct*). Designarei o conjunto dessas ações semelhantes, em que a criança é paciente e não agente, como *sentir-se reconfortado*.

O segundo estágio, o do olhar, começa não pelo fato de olhar – isto a criança o faz desde o nascimento –, mas pelo fato de procurar o olhar do outro, de querer ser olhado. A diferença entre os dois é essencial e marca a primeira grande separação entre o homem e os outros animais superiores. Estes, como o vimos, conhecem a situação do face a face, mas ela tem apenas ocorrências limitadas e tardias; ela está ausente na pequena infância. O macaquinho, como o bebê humano, experimenta a necessidade de sentir-se reconfortado; quando ele brinca sozinho, ou com seus pares, ele se mantém sempre à pouca distância da mãe: ele quer poder vê-la. No entanto, ele não procura seu olhar, ele não faz nada para que *ela* o veja. Por sua vez, a criança quer ser vista e não apenas ver (na linguagem de Sartre – que reconheceu muito bem o papel constitutivo do olhar – isto quer dizer: "Minha ligação fundamental com o outro-sujeito deve poder se resumir em minha possibilidade permanente de *ser visto* pelo outro"[17]). O olhar dos pais é o primeiro espelho no qual a criança *se* vê.

Este momento decisivo marca o nascimento simultâneo da consciência do outro (aquele que deve olhá-la) e de si (aquele que o outro olha), e, portanto, o nascimento da própria consciência. Ainda que, evidentemente, a criança não possa *dizer* para si mesma, a partir deste momento, ela *sabe*: olham *para mim*, então *eu* existo; o olhar dos pais introduziu a criança na existência. Como se eles soubessem da importância deste

---

17 Sartre, *L'Être et le Néant*, p.302.

momento (mas este não é o caso), pais e filhos podem se olhar mutuamente nos olhos por muito tempo; esta ação será completamente excepcional na idade adulta, quando o olhar mútuo de mais de dez segundos pode significar apenas duas coisas: que os dois parceiros vão brigar ou fazer sexo. Esta situação decisiva, em que a criança é sempre paciente e não agente, pode ser designada pelo termo hegeliano: ela pede para *ser reconhecida*.

No decorrer desse estágio, entre dois e cinco meses, a criança começa a assumir papéis mais ativos, participando de verdadeiras trocas com seus pais. Se os dois praticarem a mesma ação, por exemplo, a produção de sons ou de gestos, alternadamente (o que parece ser mais frequente) ou simultaneamente, podemos identificar aqui duas ações, que se distinguirão em etapa posterior de maneira mais nítida: *alternar* e *cooperar*.

Durante o terceiro estágio, o da manipulação, as relações com as pessoas recuam para um segundo plano, e a criança procura principalmente tirar proveito de suas capacidades somadas para apropriar-se dos objetos em volta de si ou fazê-los deslocar-se. Entretanto, não estando a distinção entre pessoas e coisas bem estabelecida em sua mente, ela pode agir da mesma forma com os seres humanos que a cercam. Poderíamos identificar aqui duas atividades: *explorar* o mundo sem modificá-lo e *determinar*, tornar-se a causa desencadeadora de transformações no mundo. Estas atitudes conhecerão desenvolvimentos diferentes no mundo adulto: explorar conduz à ciência e determinar, à técnica — mas também, no mundo humano, à ação social.

No decorrer do quarto estágio, o da memória, novas ações surgem. A criança procura agora *imitar* seus pais ou parceiros (os dois não estavam bem distintos durante a etapa da exploração e da determinação); algum tempo depois, mas sempre no interior deste mesmo estágio, a criança começa a *combater* seus rivais. Esta ação, que os filósofos clássicos consideravam, como o vimos, de Hobbes à Nietzsche, passando por Hegel, o traço constitutivo da humanidade, está longe de ser a primeira que a criança pratica; ela já implica, de fato, uma evolução avançada. Esta é a razão pela qual parece também difícil falar de uma agressividade inata ou de um sadismo original. Na análise, diz Michael Balint, "nunca observamos, de fato, um sujeito congenitamente mau ou ruim, nem verdadeiro sádico. [...] É o sofrimento que o torna mal".[18] O combate é uma atividade determinada por sua finalidade: obter um objeto ou a atenção de uma pessoa; se nenhum rival se apresenta, o combate não acontece. Seria, então, abusivo postular no homem um instinto, ou uma pulsão, ou uma energia de agressividade: isto significaria reificar em qualidade inata, em princípio motivador, o que é apenas um meio para atingir um fim. Contrariamente ao que deixam entender certas vulgarizações da etologia, os animais também não conhecem "instinto de agressividade".

O combate é a primeira ação que não se dirige nem aos parceiros nem aos pais: estes não são rivais, a hostilidade para com eles não pode tomar a forma do combate (mas, antes, do descontentamento, ou, mais tarde, da revolta). O combate não está necessariamente relacionado a uma demanda de reconhecimento da parte do rival, é, ao contrário, uma prova de força: duas crianças disputam o mesmo brinquedo, a mais forte vence sem se preocupar com o olhar do vencido. Mais tarde, o combate pode ser acompanhado de uma demanda de reconhecimento de um terceiro, espectador ou juiz. Esta combinação de ações

---

18 Balint, *Amour primaire*, p.62-3.

elementares leva a sentimentos complexos como o ciúme, a inveja ou a raiva. A aquisição da linguagem, no decorrer do quinto estágio, traz dimensões novas a cada uma das ações praticadas anteriormente: podemos, agora, ser reconfortados ou reconhecidos através de palavras em vez de gestos ou olhares, podemos determinar e até mesmo explorar o mundo por este meio, alternamos as palavras e as imitamos. É neste momento também que podemos situar a configuração dita "edipiana". Como observa Balint, ela se opõe às relações anteriores por três traços: 1) ela é triangular em vez de ser dual; 2) ela é de conflito e não de complementaridade; 3) ela é verbal e não corporal.

Dentre essas ações elementares, não mencionei o amor. É que a relação da criança com os pais em nada ganha, me parece, se abarcada por este termo bastante geral. No começo, a criança experimenta uma necessidade dos outros, necessidade de ser reconfortada e reconhecida, necessidade de entrar em colaboração. Mais tarde, quando a figura dos pais é bem fixada e identificada, todos os elementos anteriores são reencontrados: o amor da criança é um conjunto, não uma ação elementar. Podemos dizer o mesmo do amor erótico dos adultos, mesmo se os dois não pertencem ao mesmo gênero: prazer sensual, necessidade de ser reconhecido e de, por sua vez, reconhecer, de cooperar e de combater, tudo isso, e muito mais, constitui a relação amorosa.

Existe, em contrapartida, uma outra ação simples que pais e filhos descobrem um pouco mais tarde (e que pode, ela também, ser um ingrediente ou uma forma de amor); poderíamos denominá-la *comungar*. A mãe pode experimentar muito cedo um sentimento de comunhão com a criança, uma espécie de

A vida em comum

equivalente psíquico à simbiose intrauterina; mas é preciso esperar mais tempo se quisermos que os *dois* indivíduos experimentem o mesmo sentimento e que este não se confunda, por esta razão, com a ilusão de um retorno à simbiose. Na comunhão, não ignoramos que o outro é um outro, permanecemos no interior da coexistência, mas há, ao mesmo tempo, continuidade entre os dois parceiros: é a certeza absoluta, que não admite nenhuma dúvida, de ser aceito pelo outro. Os dois sujeitos que participam deste estado conhecem, então, o que Aristóteles atribui à amizade em seu sentido mais profundo, a alegria de um é a de outro, ou, antes: a simples presença de um, a quem não pedimos nada, é fonte de uma alegria tranquila para o outro. Amo-o por ele próprio e não por mim, gozo de sua existência sem esperar nenhuma recompensa. Não preciso disso: amar desta maneira me permite experimentar um sentimento intenso e irradiante de minha própria existência. A incompletude original é esquecida.

A relação das crianças com os pais é pontuada por estas duas transições: quando as crianças se tornam adultas e quando os pais envelhecem. No momento em que as crianças alcançam a maturidade, sua posição, assim como a dos pais, é transformada. Vimos que determinadas ações elementares eram simétricas, outras assimétricas; são as últimas que são agora particularmente tocadas, pois os papéis dos pais e da criança são radicalmente diferentes: um reconforta e reconhece, o outro é reconfortado e reconhecido. É o que a criança, quando adulta, não quer mais admitir. No que diz respeito ao reconforto, a necessidade de sentir-se protegido e seguro, ele é vivido como especificamente infantil; um adulto pode aspirar esporadicamente às diversas formas de reconforto, mas, se sente sua necessidade constante, será considerado por seu meio psiquicamente mal adaptado. A criança, ao crescer, justamente por sentir-se adulta, precisa negar o reconforto oferecido por seus pais ("Eu não sou mais criança, não preciso mais ser mimado!"). O mesmo não ocorre com o reconhecimento: precisamos sempre ser reconhecidos, criança ou adulto; mas no lugar do reconhecimento, um pouco mecânico, que conferem os pais, ao crescer, a criança deseja uma pluralidade de novos reconhecimentos: o de seus pares, o da pessoa amada, o dos professores e dos chefes no trabalho, e assim por diante.

Não apenas a criança tornada adulta não quer mais se contentar em ser o beneficiário do reconforto e do reconhecimento vindos dos pais, mas, além disso, ela própria quer assumir o papel ativo nessas relações e, por sua vez, tornar-se fonte de proteção e de reconhecimento; pois ela entende agora que, se há vantagem em ser reconfortado e reconhecido, há muito mais vantagem em oferecer reconforto e reconhecimento (podemos notar o embrião desta nova atitude no momento em que a criança recusa aos pais seu próprio reconhecimento, preferindo expressar descontentamento para puni-los por uma falta de atenção anterior). Ora, não é junto aos pais, que são, nesta fase da vida, adultos capazes de viver sem este tipo de cuidados, que ela pode exercer esses novos papéis; então, ela se afasta inevitavelmente deles, à procura de novas situações em que esses papéis lhe serão acessíveis.

A experiência dos pais é inevitavelmente diferente. O amor dos pais pelos filhos tem algo de paradoxal em seu princípio: se eles amam o filho, eles querem que este se torne uma pessoa independente, que, consequentemente, não precisará mais deles; o amor "bem-sucedido" dos pais tem como efei-

A vida em comum

to – doloroso – afastar de si a criança. A memória individual que os homens possuem num grau desconhecido aos animais torna difícil a experiência perfeitamente comum da separação dos filhos (num determinado momento, a mãe-macaca não distingue seus filhotes dos outros). Este paradoxo do amor parental humano eclode no momento em que as crianças tornam-se adultas e podem viver sem o reconforto e sem o reconhecimento passados. De repente, os pais são privados do papel gratificante de protetores e de detentores do reconhecimento, papel que podia estar na base de seu próprio equilíbrio psíquico; é a síndrome do "ninho vazio". No melhor dos casos, uma relação de reciprocidade se estabelece no lugar da relação assimétrica precedente; mas não podemos dizer que uma compensa verdadeiramente a outra: a perda das crianças, uma vez que não são mais crianças, é, em certo sentido, irreparável. A comunhão com a criança não será nunca mais possível da mesma forma.

A relação que liga os pais à criança possui, de imediato, traços simétricos e assimétricos. O que as duas experiências têm em comum é que, como observou Alice Balint, nenhum dos dois parceiros reconhece, de fato, uma autonomia completa ao outro. Para a mãe, de modo particular, sugere a autora, a criança sempre permanece, num certo grau, uma parte de seu corpo, e as mães não vivem o infanticídio como um assassinato (mas, antes, como uma amputação). Reciprocamente, a criança espera que seus pais estejam sempre disponíveis, que eles não tenham nada na vida a não ser os filhos, que eles os amem e os aceitem qualquer que seja seu comportamento. Michael Balint descreve nos seguintes termos o sentimento da criança para com a mãe: "Preciso ser amado sempre, por toda a parte, de todas as maneiras, em todo o meu corpo, em todo o meu ser – sem nenhuma crítica, sem o menor esforço de minha parte".[19] Mas as diferenças são mais importantes ainda. A criança só pode ter um pai e uma mãe; os adultos podem ter mais de um filho. Os pais são indispensáveis à criança; a criança não o é aos adultos. Além disso, a criança vive com os pais no momento em que se forma sua configuração psíquica interna, ao passo que o contrário não é verdadeiro. Consequentemente, os papéis que cada um desempenha no psiquismo do outro são muito diferentes. Para as crianças, os pais nunca abandonarão seu *universo interior*, uma vez que as relações com eles constituem sua estrutura de base; em contrapartida, quando as crianças tornam-se adultas, os pais, normalmente, saem de sua *vida*, para só voltarem mais tarde, porque se aproximam da morte e precisam de cuidados. Para os pais, ao contrário, não são os filhos, mas seus próprios pais que desempenham um papel psíquico estruturante; enquanto as crianças tornam-se uma parte de sua vida, um elemento de sua identidade, e assim permanecem para sempre, quaisquer que sejam as relações concretas que mantenham com elas.

A segunda transição decisiva nas relações entre filhos e pais ocorre quando estes envelhecem. A mudança mais evidente em sua vida consiste no fato de que eles próprios, os pais, passam a demandar cuidados: às vezes, precisam de alimento, de banho, de companhia e de ajuda para se locomoverem; em uma palavra, eles são agora tão dependentes quanto eram outrora as crianças, e, por sua vez, necessitam ser reconfortados. Muitas vezes, eles encontram a ajuda necessária junto aos próprios filhos;

---

19 Ibid., p.64.

A vida em comum

mas, se, por um lado, eles são reconfortados, por outro, não poderão nunca mais reconfortar os outros, e, em particular, os filhos. O mesmo ocorre com o reconhecimento: eles, os pais, podem continuar sendo reconhecidos por seus próximos, mas ninguém lhes demandará reconhecimento; esperamos deles apenas gratidão. Sua posição com relação àqueles que se ocupam deles, por exemplo, os filhos, é tão assimétrica quanto o era com relação aos próprios filhos: beneficiários mas não distribuidores de reconforto e de reconhecimento (pelo menos não daquele considerado bom). E isto com uma diferença importante: no começo, a criança não sabe que um dia ela própria poderá reconfortar e reconhecer, e que o benefício desta ação será mais proveitoso do que aquele que gozava em sua posição passiva; o idoso sabe, quanto a ele, que o papel ativo é bem mais gratificante, mas que ele também jamais o desempenhará. O drama da velhice não é precisar dos outros, mas reconhecer que os outros não precisam mais de você.

Supondo que eles se tornem os protetores de seus próprios pais, as crianças, que agora são adultas e aproximam-se eles mesmos da velhice, podem receber uma gratificação suplementar por esta inversão de papéis; elas podem ficar felizes por assegurarem o bem-estar de uma pessoa querida. Mas a velhice e a morte dos pais, provavelmente, terão também um outro efeito. Na sociedade atual, quando as crianças se tornam adultas, elas preferem se manter distantes dos pais, escapar ao olhar daqueles de quem foram totalmente dependentes. No universo da infância, são os pais que determinam todas as sanções; mesmo depois de adulto, não posso esquecer minha posição de outrora. Enquanto meus pais viverem, permaneço, de alguma forma, uma criança – para eles, mas para mim também. Este sentimento pode ter consequências contraditórias. Por um lado, desejo manter esta situação, porque ela me permite não assumir a responsabilidade integral de tudo o que me acontece (é o privilégio da criança); mas, por outro, e, talvez de maneira mais intensa, desejo que ela chegue ao seu termo, aspirando, então, à morte de meus pais; e somente a partir desse momento deixo de ser (também) um simples fragmento no universo de um outro que não eu mesmo, e não preciso mais temer as sanções que este poderia impor. A dependência do outro é uma arma de dois gumes; a da criança tornada adulta com relação aos seus pais pode ser mais um peso do que uma gratificação.

A boa interação da criança com os pais ou com as pessoas que os substituem é, evidentemente, responsável, em grande parte, por sua saúde mental, presente e futura. Ter tido, durante a infância, a certeza de ser amado – por este amor incondicional que as crianças demandam aos pais –, mais tarde permite ao adulto enfrentar com mais serenidade as provas que o esperam na vida. O apego inicial, Bowlby insistiu muito nessa questão, é a única base sólida sobre a qual se pode construir a personalidade. Mas, como todos sabem, os acidentes que esperam o indivíduo neste percurso são inúmeros, e a via da "boa interação" não é fácil de ser encontrada. Todos os autores da escola inglesa de psicanálise intersubjetiva dedicaram-se com afinco em distinguir os tipos de disfunção nas relações iniciais, que se tornam, por sua vez, fonte de patologias na vida do adulto. Por exemplo, Balint atribui as psicoses à relação inicial da criança com a mãe, e as psiconeuroses à relação posterior, com a mãe e com o pai. Melanie Klein opõe os "bons objetos", que nos abandonam e provocam a depressão, aos "maus objetos", que são introduzidos em nós e provocam o sentimento

A vida em comum

de perseguição. Fairbairn distingue a criança esquizoide, que tem medo de amar, da criança depressiva, que tem medo de odiar. Guntrip fala da mãe possessiva (que quer ser tudo para a criança) e da mãe indiferente (que não quer ser nada).

Por não ter experiência profissional no domínio da patologia mental, me absterei de avaliar a maior ou menor pertinência clínica dessas tipologias. Mas me parece evidente que a má formação de cada uma das ações elementares distinguidas anteriormente corre o risco de provocar, mais tarde, distúrbios psíquicos. O papel mais decisivo, no entanto, parece ser atribuído às primeiras interações da criança: ser reconfortada, ser reconhecida. Consequentemente, seu distúrbio deixa as mais graves sequelas.

Este distúrbio, por sua vez, segue duas vias: o reconforto e o reconhecimento são ou muito presentes ou muito ausentes, mas não apropriados à demanda da criança. Sua simples ausência produz resultados previsíveis (e graves); o mesmo ocorre com o medo que esta ausência se concretize, medo que leva à angústia. Quanto à presença nociva, ela pode, por sua vez, tomar formas diferentes. Uma é a que nós associamos à imagem dos pais possessivos: não apenas eles reconfortam e reconhecem seus filhos, mas, além disso, não querem que ninguém mais o faça; eles querem satisfazer, sozinhos, a todas as necessidades "sociais" da criança, não deixando, assim, nenhum lugar a uma terceira pessoa. Esta tentação é particularmente marcante em pais que criam sozinhos seus filhos e que se vangloriam de sua onipotência.

Um outro reconhecimento destruidor é aquele que outorgam os pais desejosos de ver na criança uma pessoa bem definida, ausente ou morta. Muitos pais que perderam um filho durante a guerra têm uma nova criança quando a paz é reestabelecida; então, eles fazem de tudo para impor ao recém-chegado a imagem que tinham da outra criança: lhe dão o mesmo nome, o mesmo quarto, as mesmas roupas, e acreditam ver nela o bebê de antes ressuscitado. Outros pais projetam sobre a criança a imagem de um irmão desaparecido, de um amante perdido ou ainda de um grande homem que admiram particularmente. A criança é reconhecida, mas logo percebe que a tomam por um outro. A existência corre o risco de transcorrer sob o signo da inautenticidade, ou mesmo da impostura: ela nunca saberá se ela própria fala por si mesma, se tornou-se digna daquele que queriam que fosse.

A evolução da criança não a conduz de uma dependência total a uma independência tão absoluta, mas sim, como sugere Fairbairn,[20] de uma dependência imposta, da qual ela não escolheu os atores nem o ritmo das presenças e ausências, a uma dependência adulta, em que ela não tem uma necessidade imperiosa dos outros, as diferentes formas de reconhecimento não estão concentradas todas em uma só pessoa e ela também sabe apreciar os momentos de solidão; aquela em que as relações derivam não somente do acidente do destino, mas também da escolha; em que ela pode por si mesma conferir-lhes um começo e um fim.

---

20 Fairbairn, *An Object-Relations Theory of the Personality*, p.145.

III
O reconhecimento e seu destino

Modalidades

Não é por acaso que Rousseau, Adam Smith e Hegel tenham questionado, entre todos os processos elementares, o reconhecimento. Este, de fato, é duplamente excepcional. Em primeiro lugar, por seu próprio conteúdo: o reconhecimento marca, mais do que qualquer outra ação, a entrada do indivíduo na existência especificamente humana. Mas ele apresenta também uma singularidade estrutural, surgindo, de certa maneira, como o duplo obrigatório de todas as outras ações. Efetivamente, quando a criança pratica ações como alternar ou colaborar com outros, ela também vê confirmada sua existência porque seu parceiro lhe cede um lugar, dispõe-se a ouvi-la cantar, ou canta com ela. Quando explora ou transforma o mundo que a cerca, quando imita um adulto, ela se reconhece como sujeito de suas próprias ações, e, portanto, como um ser que existe. Quando é reconfortada ou contrariada ou, então, quando entra em contato com o outro, ela recebe também, como um benefício secundário, uma prova de sua existência. Toda coexistência é reconhecimento. Esta é a razão pela qual fixarei minha atenção, preferencialmente, neste processo.

O reconhecimento compreende, evidentemente, inúmeras atividades, de aspectos os mais variados. Introduzida uma noção tão abrangente, devemos nos questionar acerca da razão e das formas dessa diversidade.

Poderíamos, para começar, enumerar algumas fontes de diversidade, exteriores à própria noção de reconhecimento. Este pode ser material ou imaterial, riqueza ou honras, implicar ou não o exercício do poder sobre outras pessoas. A aspiração ao reconhecimento pode ser consciente ou inconsciente e recorrer a mecanismos racionais ou irracionais. Também posso procurar atrair o olhar do outro através de diferentes facetas de meu ser, meu físico, minha inteligência, minha voz ou meu silêncio. Sob essa perspectiva, as roupas desempenham um papel particular por constituírem, literalmente, um ponto de encontro entre o olhar dos outros e minha vontade, e me permitirem situar-me em relação a estes outros: quero ser semelhante a eles, ou a alguns deles, mas não a todos, ou a ninguém. Enfim, escolho minhas roupas em função dos outros, ainda que seja para dar a entender que eles me são indiferentes. Contrariamente, aquele que não mais pode exercer controle sobre suas roupas (em decorrência da pobreza, por exemplo) sente-se paralisado em relação aos outros, privado de dignidade. Não é, portanto, totalmente sem razão que uma antiga fórmula preconiza: o ser humano é composto de três partes: alma, corpo e roupas...

O reconhecimento alcança todas as esferas de nossa existência, e suas diferentes formas não podem substituir-se uma à

A vida em comum

outra: no máximo, se for o caso, podem trazer algum consolo. Preciso ser reconhecido, no plano profissional, bem como em minhas relações pessoais, no amor e na amizade; e a fidelidade de meus amigos não compensa, de fato, a perda do amor, assim como a intensidade da vida privada não pode apagar o fracasso na vida política. O indivíduo que investiu o essencial de sua demanda de reconhecimento no domínio público, mas dele não recebe mais nenhuma atenção, descobre-se, repentinamente, privado de existência. Tal homem passou sua vida a servir à sociedade e ao Estado e daí retira o essencial de seu sentimento de existência; chegada a velhice, e acabada a demanda social, ele não consegue compensar esta falta com a atenção da qual é o objeto por parte de seus próximos; não mais existindo publicamente, ele simplesmente tem a impressão de não mais existir de modo algum.

Vimos, com Hegel, que a demanda de reconhecimento poderia acompanhar a luta pelo poder; entretanto, ela pode também articular-se com relações nas quais a presença de uma hierarquia permite evitar conflitos. A superioridade ou a inferioridade dos parceiros é, frequentemente, dada de antemão; cada um deles não deixa de desejar a aprovação do olhar do outro. O primeiro reconhecimento recebido pela criança lhe chega dos seres hierarquicamente superiores a ela: os pais ou seus substitutos; o mesmo papel é retomado por outras instâncias encarregadas pela sociedade de exercer esta função de aprovação: professores, mestres, empregadores, diretores ou chefes. Os críticos detêm, muitas vezes, a chave do reconhecimento em relação a artistas e escritores iniciantes, ou, dentre estes, àqueles a quem falta segurança interior. Todos esses personagens superiores são investidos pela sociedade de uma função essencial: a de proferir a aprovação pública.

O reconhecimento proveniente dos inferiores, ainda que muitas vezes dissimulado, também não deve, por sua vez, ser negligenciado. O senhor, sabemos muito bem, precisa de seu servo, não menos do que o inverso; o professor confirma seu sentimento de existência através dos alunos que dele dependem; o cantor tem necessidade, todas as noites, do aplauso de seus admiradores, e os pais vivem como um traumatismo a partida dos filhos que, no entanto, pareciam ser os únicos a demandar reconhecimento.

Essas variantes hierárquicas do reconhecimento opõem-se, em bloco, às situações igualitárias, no cerne das quais aparecem, com maior facilidade, os sentimentos de rivalidade. Essas situações são numerosas: amor, amizade, trabalho, parte da vida familiar. Finalmente, podemos tornar-nos a única fonte de nosso reconhecimento, seguindo o caminho do autismo, e recusando todo o contato com o mundo exterior, ou desenvolvendo desmesuradamente o orgulho e reservando-nos o direito exclusivo de apreciar nossos próprios méritos, ou, ainda, despertando em nós uma encarnação de Deus, com o objetivo de aprovar ou desaprovar nossa conduta: desta forma, o santo procura superar sua necessidade de reconhecimento humano e contenta-se em fazer o bem. Alguns artistas podem, igualmente, dedicar-se a seu trabalho sem se preocupar com o que pensam os outros. Entretanto, é preciso acrescentar, tais soluções são sempre parciais ou provisórias; como observa William James, "o não egoísmo social *total* mal existe; o suicídio social *total* jamais passa pelo espírito do homem".[1]

---

[1] James, *Principles*, p.317.

A vida em comum

É preciso agora separar duas formas de reconhecimento às quais todos aspiramos, mas em proporções muito diversas. No que diz respeito a elas, poderíamos mencionar um reconhecimento de *conformidade* e um reconhecimento de *distinção*. Estas duas categorias opõem-se uma à outra: quero ser percebido como diferente dos outros ou, então, como seu semelhante. Aquele que deseja ser o melhor, o mais forte, o mais belo, o mais brilhante quer, evidentemente, distinguir-se dos outros: trata-se de uma atitude particularmente frequente entre os jovens. No entanto, existe também um tipo de reconhecimento bem diferente, que é, antes, característico da infância e, mais tarde, da maturidade, principalmente entre pessoas que não tem vida pública intensa e cujas relações íntimas são estáveis: estas obtêm o reconhecimento por se conformarem, tão escrupulosamente quanto possível, aos usos e normas que consideram apropriadas à sua condição. Estas crianças ou estes adultos consideram-se satisfeitos quando se trajam como convém à sua idade ou a seu meio social, quando conseguem enfeitar sua conversa com referências apropriadas, quando conseguem dar provas de seu pertencimento indefectível ao grupo.

Se, através de meu trabalho, assumo uma função que a sociedade julga útil, posso não experimentar a necessidade de reconhecimento de distinção (não espero que me elogiem ininterruptamente): contento-me, apenas, com meu reconhecimento de conformidade (cumpro meu dever, sirvo a meu país ou à minha empresa). Não preciso, portanto, demandar cada vez, para obtê-lo, o olhar dos outros: interiorizei-o sob a forma de normas e usos, ou mesmo de esnobismo, e a simples submissão às regras me traz uma imagem – positiva, além de tudo – de mim; portanto, existo. Não mais desejo ser excepcional, mas normal; o resultado, entretanto, é o mesmo. Aparentemente, o conformista é mais modesto que o presunçoso; no entanto, este não tem menos desejo de reconhecimento que aquele.

A satisfação obtida na conformidade com as normas do grupo explica também, em grande parte, o poder dos sentimentos comunitários, a necessidade de pertencimento a um grupo, a um país, a uma comunidade religiosa. Seguir escrupulosamente os hábitos de seu meio trará a satisfação de sentir-se existir através do grupo. Se nada tenho para orgulhar-me em minha própria vida, procuro, com mais intensidade, provar ou defender o bom nome de minha nação ou de minha família religiosa. Nenhum infortúnio experimentado pelo grupo consegue desencorajar-me: o homem tem apenas uma existência e esta pode tornar-se um fracasso; o destino de um povo estende-se por séculos e os fracassos de hoje podem tornar-se os precursores dos triunfos de amanhã.

Estas duas formas de reconhecimento são, muitas vezes, conflituosas ou formam hierarquias mutantes na história das sociedades bem como na dos indivíduos: a distinção favorece a competição, a conformidade está do lado do acordo. Permanecerei prudentemente na calçada para submeter-me às regras comuns e consentir-me o reconhecimento interior de conformidade, ou atravessarei a rua entre os carros barulhentos visando despertar a admiração de meus colegas (um reconhecimento de distinção, mas que pode tornar-se, por sua vez, reconhecimento de conformidade no interior de nosso grupo mais restrito)? A aprovação acordada por nossos pares, em certa idade, vale mais do que tudo, certamente mais do que a satisfação obtida através da conformidade com as regras gerais da sociedade. No entanto, essa situação é perigosa: transgredimos facilmente a "moral" se pudermos nos assegurar do riso ou da admiração de testemunhas. Os crimes praticados em grupo não têm, frequentemente, outra motivação.

Outra distinção refere-se ao desenvolvimento do reconhecimento, e não mais a suas formas. Com efeito, o reconhecimento comporta duas etapas. O que nós demandamos dos outros, em primeiro lugar, é reconhecerem nossa existência (o *reconhecimento* em seu sentido restrito) e, em segundo, confirmarem nosso valor (designamos *confirmação* essa parte do processo). As duas intervenções solicitadas não se situam no mesmo nível: a segunda apenas pode ocorrer depois que a primeira estiver terminada. Dizer que aquilo que fazemos é bom implica termos, previamente, admitido a nossa própria existência. A confirmação constitui o predicado de uma oração; o reconhecimento constitui seu sujeito (ou uma oração oculta, que tem a forma "X é", constitui pura afirmação de existência). La Rochefoucauld foi o primeiro, talvez, a ter distinguido as duas: "Preferimos falar mal de nós mesmos a nada falarmos sobre nós",[2] ele escreve. Adam Smith, de modo semelhante, é sensível a esta dualidade, à diferença entre "atenção e aprovação" e nos adverte: "Ser esquecido pelos homens ou ser por eles desaprovado são duas coisas totalmente diversas".[3] Reciprocamente, a admiração dos outros, por referir-se ao nosso valor, não é senão a forma mais evidente de seu reconhecimento; seu ódio ou agressão, no entanto, o são também, ainda que de maneira menos clara: estes, com não menos intensidade, atestam também nossa existência.

---

2 La Rochefoucauld, *Maximes*, M 138.
3 Smith, *Moral Sentiments*, p.50-1.

A distinção entre esses dois graus de reconhecimento é essencial, pois estão, muitas vezes, dissociados, provocando, assim, reações específicas: podemos ser indiferentes às opiniões que os outros têm sobre nós; não podemos ser insensíveis à falta de reconhecimento de nossa própria existência. Conforme o observa Wiliam James, "existem pessoas cuja opinião pouco nos importa; entretanto, demandamos sua atenção".[4] Os psiquiatras contemporâneos distinguem também duas formas, com implicações bastante diversas, de falência no reconhecimento: a *rejeição*, ou falta de confirmação, e a *negação*, falta de reconhecimento. A rejeição constitui um desacordo referente ao conteúdo do julgamento; a negação, uma recusa em considerar que houve um julgamento: a ofensa infligida ao sujeito, nesse caso, é muito mais grave. A rejeição é como a negação gramatical: esta, referindo-se apenas ao predicado, implica, de fato, uma confirmação parcial do conteúdo da oração, aquele exprimido pelo sujeito.

Moritz atentou para esta diferença quando observou os efeitos contrários do desdém e do ódio:

> Sentir-se ridículo equivale, de certa maneira, a sentir-se anulado; tornar alguém ridículo equivale, quase, a atingir, como não o faria nenhuma outra ofensa, seu Eu. Ao contrário, ser odiado por todos, exceto por si mesmo, é um estado desejável ou, mesmo, tentador. Ser detestado por todos não desencadearia a morte do Eu; pelo contrário, este desenvolveria um sentimento de bravata que lhe permitiria sobreviver durante séculos e clamar sua cólera

---

[4] James, *Principles*, p.309; *cf.* P. Watzlawick et al., *Une Logique de la communication*, p.85.

ante um mundo de ódio. Entretanto, não ter nenhum amigo nem mesmo inimigo, é o inferno verdadeiro no qual um ser pensante experimenta os tormentos do aniquilamento progressivo sob todas as suas formas.⁵

O ódio por alguém constitui sua rejeição: pode, no entanto, reforçar seu sentimento de existência. Mas ridicularizar uma pessoa, não levá-la a sério, condená-la ao silêncio e à solidão, é ir muito mais adiante: ela se vê ameaçada de tornar-se nada. Dostoiévski fez da diferença entre essas duas experiências, a recusa de confirmação (rejeição) e a recusa de reconhecimento (negação), um dos principais temas de suas *Notes d'un souterrain* [Memórias do subsolo]. O inquieto narrador deste enredo teme, acima de tudo, a negação, ainda que aceite com prazer a rejeição, uma vez que esta lhe oferece prova, mesmo que de maneira pouco agradável, de sua existência. Ao encontrar, por exemplo, um oficial que finge não notar sua presença, sonha em lutar com ele, mesmo sabendo que será facilmente vencido. Ele não o faz por masoquismo, mas sim porque lutar com alguém implica a percepção do outro. Por sua vez, o oficial não quer ser condescendente. Também ao se encontrarem na rua, o narrador, ostensivamente, coloca-se no caminho do oficial, e este recusa o conflito: "Ele me segurou pelos ombros e, sem nenhuma palavra ou explicação, me fez mudar de lugar, depois passou, como se não tivesse absolutamente notado minha presença".⁶ A mesma lógica ocorre nas relações do narrador com seus outros conhecidos: ele se dispõe, sob a condição de

---

5 Moritz, *Anton Reiser*, p.306.
6 Dostoiévski, *Notes d'un souterrain*, p.117.

que sua existência seja notada, a aceitar as situações as mais humilhantes: as mais insultuosas palavras valem mais do que a falta de reconhecimento. A escravidão torna-se desejável, se nos assegurar o olhar dos outros. O homem do subsolo – e nisto ele diz a verdade de todo homem – não existe fora da relação com o outro; ora, não ser é um mal mais angustiante do que ser escravo. "Lançar-se na sociedade" torna-se, para ele, "uma necessidade irreprimível":[7] ser só é não mais ser.

O sentimento de humilhação experimentado nos dois casos não é o mesmo. A rejeição pode ser negociada, através de uma análise semelhante àquela do homem do subsolo, ou por simples orgulho: o que me importa a opinião daqueles que desdenho (as uvas estão verdes demais)?[8] No entanto, é verdade que algumas rejeições são difíceis de enfrentar. Sermos ignorados, por sua vez, provoca a impressão de estarmos anulados e provoca angústia.

O reconhecimento, vimos, constrói-se como uma relação assimétrica: o agente confere o reconhecimento, o paciente o recebe: os dois papéis não são permutáveis. No entanto, também vimos, todas as outras ações elementares trazem, simultaneamente, um reconhecimento secundário, ou indireto, decorrente não mais do olhar do outro, mas do simples fato de interagirmos. Este fato importa também para a própria relação de reconhecimento: o agente do reconhecimento direto recebe, pelo simples fato de representar esse papel, os benefícios de um reconhecimento *indireto*. Sentir-se necessário aos outros (para lhes creditar reconhecimento) faz com que nos sintamos

---

7 Ibid., p.133.
8 Referência à fábula *A raposa e as uvas*, de Esopo. [N.T.]

reconhecidos. A intensidade desse reconhecimento indireto é, normalmente, superior a do reconhecimento direto. No gueto de Varsóvia, conta Marek Edelman – um sobrevivente –, a melhor estratégia para sobreviver era dedicar-se ao outro: "Era preciso ter alguém sobre quem focar a vida, alguém a quem se dedicar".[9] O progenitor dedicado sofre muito mais no dia em que se dá conta de que não é mais necessário a seu filho do que durante o longo período em que dele cuidou, mesmo tendo a impressão de não ter recebecido nada em troca. Além disso, o reconhecimento indireto escapa à censura de nossa moral, sempre pronta a condenar quem, muito abertamente, aspira a elogios. Ser forte, apoiar, encorajar os outros acaba se tornando gratificar-se a si mesmo; demandar ajuda implica admitir a própria vulnerabilidade e fraqueza: gesto difícil quando não se é criança ou idoso, doente ou prisioneiro.

A escolha entre as diferentes modalidades do reconhecimento não depende apenas da vontade ou do desejo do indivíduo; algumas sociedades privilegiam ou excluem algumas delas. De início, devemos examinar aqui uma questão importante: a aspiração ao reconhecimento é verdadeiramente universal, ou é característica apenas da sociedade ocidental, a única de que tratei até o momento? Ao evocar o "desejo universal de reputação, de honras e de preferências", Rousseau não estaria projetando os traços da sociedade em que vivia, ou daquelas que a precederam e prepararam? Não estaríamos diante de uma consequência daquilo que, os adeptos de outras tradições, por exemplo, do budismo, sempre criticaram nos europeus, a saber, sua excessiva preocupação com o bem-estar do eu? E no

---

9 Edelman, *Mémoires du ghetto de Varsovie*, p.97.

próprio interior da civilização ocidental, esta descrição não se aplicaria muito mais à vida mundana e pública do que àquela, anônima e tranquila, das pessoas simples, das crianças que riem, das moças que sonham, dos pescadores que meditam, dos camponeses que cultivam a terra? Finalmente, nesse fundamental texto para a civilização ocidental, nos Evangelhos, não se afirma explicitamente que não devemos agir "diante dos homens para, por eles, sermos notados", "para atrair a glória dos homens", mas nos contentarmos com o fato de que nosso Pai, "que tudo sabe" distribuirá, com equidade, as recompensas?[10]

É universal e constitutivo da humanidade o fato de entrarmos, desde nosso nascimento, em uma rede de relações inter-humanas, portanto, em um mundo social; é universal almejarmos o sentimento de nossa existência. Os meios que nos permitem ter acesso a esse sentimento, ao contrário, variam em conformidade com as culturas, com os grupos, com os indivíduos. Do mesmo modo como a capacidade de falar é universal e constitutiva da humanidade e as línguas são diversas, a socialidade é universal, mas suas formas não.

O sentimento de existir pode constituir o efeito daquilo que designo realização, o contato não mediatizado com o universo, como a coexistência com os outros; este contato pode tomar a forma de reconhecimento ou de cooperação, de combate ou de comunhão; enfim, o reconhecimento não possui o mesmo significado se for direto ou indireto, de distinção ou de conformidade, interior ou exterior. O desejo de reputação, de honras e de preferências, mesmo onipresente, não governa inteiramente nossa vida (ele ilustra o amor próprio, não a ideia de considera-

---
10 *Mateus*, VI, 1-6.

ção); ele, simplesmente, permitiu a Rousseau compreender que não há existência humana sem o olhar de uns sobre os outros.

É verdade que a questão do reconhecimento social não se apresenta da mesma maneira em uma sociedade hierárquica (ou tradicional) e em sociedades igualitárias, como as democracias modernas (sob esse ponto de vista, Francis Fukuyama apresentou algumas referências para uma história do reconhecimento).

Por um lado, na sociedade hierárquica, o indivíduo prefere ocupar um lugar que lhe foi designado de antemão (sua escolha é mais reduzida); ele aí se encontra, tem o sentimento de pertencer a um grupo e, portanto, de existir socialmente: o filho do camponês se tornará camponês e, por essa razão, experimentará o sentimento de ser reconhecido. Podemos afirmar, portanto, que o reconhecimento de conformidade predomina nesse caso. Este lugar ao qual estaríamos predestinados desaparece na sociedade democrática, na qual a escolha, ao contrário, é teoricamente ilimitada; é o sucesso, e não mais a conformidade com o grupo, que se torna índice de reconhecimento social, situação muito mais angustiante. A corrida para o sucesso concerne ao reconhecimento de distinção. Este, entretanto, não é desconhecido pela sociedade tradicional e nela toma a forma de aspiração à glória, ou à honra, que, assim, confirmam a excelência pessoal. É o caminho escolhido pelos heróis que aspiram a uma atenção particular para as proezas que realizam. Na sociedade moderna, esta última aspiração também se transforma: trata-se, agora, da busca de prestígio. Em nossos dias, o sucesso é um valor social que procuramos ostentar: o prestígio, entretanto, não desperta o mesmo sentimento de respeito que a glória (invejamos, mais do que respeitamos, as pessoas de grande prestígio, como as vedetes de televisão).

Por outro lado, a sociedade igualitária concede dignidade semelhante a todos (a igualdade dos antigos escravos, segundo Hegel), o que não faz, de modo nenhum, a sociedade tradicional, não fundamentada sobre a noção de indivíduo. Resumindo, a sociedade tradicional favorece o reconhecimento social, enquanto a sociedade moderna confere a todos os cidadãos reconhecimento político e jurídico (todos têm os mesmos direitos, o que contrasta com o sistema de privilégios, através do qual são governadas as sociedades hierárquicas), ao mesmo tempo que ressalta a vida privada, afetiva e familiar. Não se pode, entretanto, negar que continua grande a necessidade de reconhecimento.

Em nossos dias, ouvimos, frequentemente, políticos formularem o ideal de uma sociedade na qual trabalharíamos menos para termos mais tempo livre e mais lazer. Tal ideia, entretanto, supõe uma concepção hedonista, a do homem como animal consumidor de prazeres, que está longe da verdade. Não é absolutamente certo que lazer e ociosidade sejam propícios ao desenvolvimento da pessoa. As facilidades de vida não contam muito, confrontadas com a dificuldade de existir. Muito antes de buscar a satisfação dos sentidos, os seres humanos desejam reconhecimento simbólico, e estão prontos a sacrificar sua vida, já observava Adam Smith, por uma coisa tão insignificante como uma bandeira. No trabalho, o indivíduo obtém não apenas um salário que lhe permite manter-se, mas também o sentimento de ser útil, de merecimento, ao qual são acrescentados os prazeres do convívio; mais do que viver, ele procura existir. Não é certo que o indivíduo encontre isso tudo no lazer, onde ninguém precisa dele; as relações humanas que aí se estabelecem são desprovidas de qualquer necessidade. O repouso físico pode ser bem-vindo, mas a ausência de reconhecimento causa angústia. Dar sentido ao trabalho e obter com ele satisfação, sem nenhuma dúvida, é mais útil do que multiplicar as formas de lazer.

Quaisquer que sejam os meios de reconhecimento, uma de suas características primeiras não deve ser esquecida: a demanda por ele sendo de natureza inesgotável, sua satisfação não pode jamais ser total ou definitiva. Com toda a boa vontade do mundo, os pais não podem se ocupar o tempo todo da criança: além dela, outros os solicitam e, também, eles próprios necessitam de outro tipo de reconhecimento, não apenas daquele que lhes confere, indiretamente, seu bebê. Ocorre ainda que o bebê amplia, rapidamente, sua avidez; também as visitas, e não apenas os pais, devem dar-lhe atenção, ele demanda a atenção de todos. Por que haveria pessoas que lhe recusariam o olhar? A fome de reconhecimento é desesperadora. Como, de modo bem-humorado observa Freud, por ocasião de seu quadragésimo aniversário, "conseguimos tolerar quantidades infinitas de elogios".[11] Mesmo o reconhecimento de conformidade, mais tranquilo do que aquele obtido através da distinção, exige que, constantemente, recomecemos sua busca. Nossa incompletude, portanto, é não apenas constitutiva, mas também incurável (ou então, ficaríamos "curados", também, de nossa humanidade).

Estratégias de defesa social

O reconhecimento de nosso ser e a confirmação de nosso valor são o oxigênio da existência. Considerando que cada um

---
11 Jones, *Sigmund Freud*, p.204.

formula uma demanda semelhante, torna-se impossível satisfazê-las, todas. Os outros indivíduos a solicitam igualmente, não podendo, portanto, responder às nossas demandas. Na verdade, a demanda se confronta com a indiferença ou com a recusa. A permanência da demanda parece incompatível com a semelhança entre os homens. Então, uma questão se coloca: como tratar os excluídos do reconhecimento? Há, acredito, uma maneira de agir, mais satisfatória que as outras; esta leva em consideração tanto a necessidade que temos dos outros, como a pluralidade dos sujeitos que a sentem. Mas há também muitas outras maneiras, familiares a todos; estas dissimulam ou diferenciam a frustração experimentada sem, na verdade, remediá-la, ou mesmo acrescentar a ela uma outra. Devem, portanto, ser identificadas como *paliativos* uma vez que, conforme nos diz o dicionário, estes "atenuam os sintomas de uma doença sem agir sobre sua causa": são expedientes de efeito passageiro.

Ainda que não elaborem uma mesma representação de nossa vida psíquica, todos os especialistas da psique humana se veem obrigados a introduzir uma noção comparável, que corresponde às proteções às quais recorremos, mesmo não estando de acordo sobre a função exata que assumem. Adler, por exemplo, fala das *compensações* que produzimos para dissimular nosso sentimento de inferioridade (nome desconcertante que dá à incompletude original). Freud, partindo da imagem do homem isolado que procura obter o máximo de prazeres, emprega a imagem dos *sedativos*: "Tal como nos é imposta, nossa vida é muito difícil, ela nos inflige sofrimentos demais, decepções, tarefas insolúveis. Para suportá-la, não podemos dispensar sedativos",[12] e

---
12 Freud, *Malaise*, p.18.

recorda uma expressão comparável do poeta Theodor Fontane, *Hilfskonstruktionen*, uma estrutura de apoio. Sartre em *Les mots* [As palavras] os designa bálsamo. Anna Freud, em um livro célebre, repertoriou os *mecanismos de defesa*, mas atendo-se ao conflito que opõe o eu e o isso. Os mecanismos, ou, antes, estratégias, que examinaremos voltam-se para o exterior e regem nossas relações com os outros seres.

Os paliativos trazem um alívio instantâneo a nossa frustração; com o tempo, entretanto, mostram-se nocivos. A razão é que não atacam a origem do mal e que cedo ou tarde são desmascarados por nosso próprio espírito vigilante, não sem terem deixado sequelas indesejáveis; ou mesmo os inconvenientes são maiores do que o desconforto que deveriam curar. Sartre escreve: "A generosidade [...] como a avareza ou o racismo é apenas um bálsamo secretado para curar nossas feridas interiores e que acaba por nos envenenar".[13] Poderíamos ficar supresos por vermos alinhadas, em uma mesma série, a avareza, a generosidade e o racismo (ou por ver descrito o último como um "bálsamo"); mas esta é a diversidade dos paliativos suscitada pelas demandas de reconhecimento. Estes mesmos bálsamos, quando se tornam hábitos arraigados, podem levar a neuroses ou a psicoses e exigir, por sua vez, novas terapias: os próprios paliativos, no entanto, ficam aquém da doença mental: estamos no domínio da prática cotidiana, na frustração comum, e não na patologia.

Como organizar a infinita variedade de paliativos, e em qual ordem examiná-los? Em primeiro lugar, é claro que nenhuma pretensão à exaustão se coloca aqui: nosso psiquismo inventa

---

13 Sartre, *Les Mots*, p.96.

defesas sempre novas, uma vez que as antigas foram reveladas. Não lançarei mão de um pequeno livro que apareceu na coleção "*Que sais-je?*", o qual afirma haver, nem mais nem menos do que 27 "formas de reação de defesa social".[14] Contentar-me-ei por evocar, de modo informal, certos paliativos particularmente frequentes e poderosos. Ao contrário, parece apropriado distinguir, entre eles, vários grupos que refletem os diferentes elementos do próprio processo de reconhecimento. Se minha demanda inicial não foi coroada de êxito, posso, se pensar bem, escolher entre várias soluções: ou tentar novamente até obter satisfação; ou então buscar, em vez do reconhecimento demandado, um outro, mais fácil de alcançar (um reconhecimento de substituição, de certa maneira); ou, enfim, perseguir minha demanda, ainda que seja para conseguir renunciar a ela. É o que farei aqui, sem atribuir importância demais a esta questão de classificação; trata-se, simplesmente, de escolher um percurso.

Obter a sanção

Um primeiro tipo de reação à recusa de reconhecimento consiste em demandá-lo novamente, em não ver no insucesso senão um efeito de circunstâncias infelizes e em tentar, em uma próxima vez, fazer melhor. Apesar de tudo, há também demandas satisfeitas! Se sou bastante bonito e me sinto seguro disso, nenhuma moça resistirá a mim; se for espirituoso e tiver força de vontade, posso ter sucesso em todos os concursos; se for falante e não me deixar intimidar pelas câmeras, posso dar ótima impressão durante minha aparição na televisão e ser

---

14 Mucchielli, *Les Motivations*, p.53.

convidado para voltar no dia seguinte. Existe um personagem vencedor, um batalhador, um ótimo em redação, um gênio em concursos, um bonito, um rico, um inteligente, um executivo de multinacional, ou uma estrela da mídia.

O problema dessa primeira atitude, a qual tem, evidentemente, o seu lado agradável, é que a performance sempre precisa ser recomeçada, com todos e a toda hora, pois apenas o sucesso traz a tranquilidade; trata-se, portanto de um movimento fatalmente condenado ao insucesso (mas, se a postergação desse recomeço é bastante longa, este destino pode parecer invejável). Freud mostrava-se antes pessimista a este respeito: "A satisfação ilimitada de todas as necessidades nos é insistentemente proposta como o modo de vida mais sedutor; entretanto, aceitá-lo, seria fazer passar o prazer antes da prudência, e a punição seguiria de perto essa tentativa".[15] William James, por sua vez, descreve os inconvenientes inevitáveis deste tipo de personagem: "Existe, em nossos dias, uma raça inteira de seres cujo maior anseio é ter seu nome no jornal, pouco importando a rubrica: 'chegadas e partidas', 'informações pessoais', 'entrevistas' – as fofocas ou mesmo o escândalo lhes conviria, se não encontrassem nada melhor".[16] Demandando constantemente reconhecimento, este tipo de indivíduo é pouco generoso no que diz respeito ao outro; ele é admirado e bajulado, mas pouco amado. Reconhecem-lhe o poder ao mesmo tempo que o julgam arrogante e vaidoso. A sedução não basta para lhe assegurar o amor; a carreira brilhante não gera felicidade, todo seu sucesso, forçosamente, é relativo.

---

15 Freud, *Malaise*, p.21-2.
16 James, *Principles*, p.308.

É o que relata, de maneira bem-humorada, um conto bastante conhecido, recolhido pelos irmãos Grimm, "O pescador e sua mulher" (que inspirou *Le turbot* de Günther Grass): após ter conseguido sua choça, a insaciável Elsabella pede um castelo, depois um palácio real, ela se torna rainha, imperatriz e mesmo papisa: mas, ao pedir para tornar-se Deus, vê-se novamente em sua miserável cabana, sentada no urinol.

Em suas lembranças, Joubert descreve Chateaubriand como um ser que dependia inteiramente do reconhecimento dos outros e que nada conseguia oferecer em retorno; esta seria, pensava, a razão de sua infelicidade. "Ele escreve apenas para os outros e não vive senão para si; disto resulta que seu talento jamais o tornará feliz, pois o fundamento da satisfação que ele poderia receber está fora dele, longe dele; seu talento é variado, instável e desconhecido."[17] O talento de Chateaubriand é enorme, mas o gosto do público, instável; se o reconhecimento provém apenas dos admiradores, o escritor está, fatalmente, condenado ao insucesso. Chateaubriand tem infinita necessidade dos outros, mas pouco se preocupa em saber se, por sua vez, os outros têm necessidade dele; ele se julga liberado da troca social por confiar ao público seus livros.

Desejamos o sucesso, no entanto, não o conseguimos: porque somos incapazes, pobres, feios, de espírito lento, ou porque temos pouca sorte. Recorremos, então, à *violência*, estigmatizada pela sociedade pela palavra crime: tomo, à força, o reconhecimento que não alcanço por bem. A frustração, talvez, não baste para explicar qualquer forma de agressão, mas, com certeza, é uma de suas condições mais comuns. O ladrão ofe-

---

17 Joubert apud M.-J. Durry, *La Vieillesse de Chateaubriand*, p.524.

A vida em comum

rece um exemplo desta atitude: para alcançar a consideração decorrente da riqueza, ele segue caminhos não aceitos pela sociedade. A guerra entre gangues nas grandes cidades norte-americanas é fomentada pela busca de "respeito", outro nome do reconhecimento. Quanto mais subimos na escala do crime, maior é o poder de que damos prova; porém, o poder acarreta o respeito dos indivíduos ainda que esse não seja o respeito das instituições, depositárias dos valores sociais.

É incontestável que homens e mulheres não recorrem à violência, e, em particular à violência física, na mesma proporção, e que, dependendo de sua idade, os homens a praticam com menor dificuldade (as seguradoras o sabem muito bem). Ocorre, dito de outra forma, uma predisposição biológica na escolha deste ou daquele paliativo e não apenas condicionamento cultural. Isso não significa que os homens, ou os rapazes, têm instinto agressivo autônomo, ausente em outros casos, mas que sua constituição hormonal os leva a escolher, para superar a frustração, um meio em detrimento de outros.

Aquele que não alcança o reconhecimento necessário e que não encontra nenhum meio para se consolar, pode tornar-se um criminoso violento. Mas este pode também superar seu caso pessoal e perguntar-se se esta falta de reconhecimento não atinge igualmente todos aqueles que, como ele, são pobres, negros, intocáveis; e se não é preciso procurar modificar, eventualmente através da violência, a própria regra do jogo. O crime do indivíduo, neste caso, fica atenuado diante da *revolta* social. Não se trata, nos dois casos, da mesma forma de reconhecimento, é claro, pois a revolta tem por objetivo transformar as instituições, visando a que estas confiram respeito e consideração àqueles que são desrespeitados e desconsiderados, enquanto a violência individual visa a um reconhecimento não institucional. Freud é aqui tão pessimista quanto o foi com relação à aceleração do tempo:

> Podemos pensar em transformar esse mundo, em construir, em seu lugar, um outro, cujos aspectos mais desagradáveis serão apagados e substituídos por outros, ajustados a nossos próprios desejos. O indivíduo que, presa de uma revolta desesperada, se engaja neste caminho para alcançar a felicidade, não chegará normalmente a nada; a realidade será mais forte do que ele.[18]

Pessoalmente, não partilho esse ponto de vista fatalista: as regras da vida em sociedade podem ser melhoradas, isso pôde ser visto numerosas vezes.

Um caso particular de reconhecimento obtido pela força é o da soberania, no sentido de Bataille ou de Sade. Esta caracteriza-se não apenas pelo meio empregado, que é a violência, mas também, e principalmente, pelo resultado obtido, que não mais é o amor ou a admiração pelos outros, nem mesmo sua simples aquiescência à minha existência. Agora, é por sua submissão, que pode ir até a destruição portanto, pela afirmação de meu poder sobre eles, e não pela captação de seu olhar, que se estabelece meu sentimento da existência. Alina Margolis, sobrevivente do gueto de Varsóvia, e que em nossos dias milita em organizações humanitárias, perguntou certa vez: como explicar para si mesmo que um militar lituano, um soldado salvadorenho, não se contentem em matar, como lhes foi ordenado, mas que tenham um evidente prazer em bater a

---

18 Freud, *Malaise*, p.27.

cabeça do bebê contra uma árvore, contra a parede da casa? A resposta, se aceitarmos que existe, deveria ser encontrada nas proximidades do gozo que traz o exercício dessa soberania ilimitada: sentir que a vida dos outros está em suas mãos, poder torturá-los ou matá-los sem se emocionar traz, então, uma embriagante confirmação da existência. Esta, provavelmente, também é a lógica do violador: ele goza muito mais com o triunfo de sua vontade, que vence todas as resistências, do que com sua satisfação sexual. É preciso constatar, mais uma vez, que este caminho é escolhido com muito maior frequência pelos homens do que pelas mulheres.

O reconhecimento indireto trazido pela submissão dos outros pode tomar formas mais sociáveis, e ocorre, provavelmente, na psicologia da *tirania*, quer essa seja exercida em escala de Estado, quer na escala familiar. Ricardo III, em Shakespeare diz: "já que não posso ser um amante, estou determinado a ser um celerado";[19] entretanto, ser o mau, o celerado, o monstro, implica ser temido – e, por essa razão, ser reconhecido. Sartre explicitou essa ideia, alguns séculos mais tarde: "O tirano despreza o amor; ele se contenta com o medo. Se procura o amor de seus súditos, é por razões políticas, e, se encontra um meio mais econômico de dominá-los, ele imediatamente o adota".[20] Karen Horney acreditou mesmo ser possível observar uma "contradição entre ambição e afeição", que não permitiria que, "ao mesmo tempo humilhemos os outros e por eles sejamos amados".[21] No final de sua aventura, Ricardo III também cons-

---

19 Shakespeare, *Richard III*, I, 1.
20 Sarte, *L'Être et le Néant*, p.416.
21 Horney, *La Personalité névrotique*, p.140.

tata: "Ninguém me ama e, se eu morrer, ninguém terá piedade de mim".[22] É uma triste consolação dizer: "Ah, eu me amo!".

A prática mesmo de seu poder, entretanto, nos fornece uma imagem diferente: no decorrer da peça, ele consegue, e, não apenas uma vez, fazer-se amar – a começar por Lady Anne, cujo marido e pai ele tinha assassinado! Stalin era amado e temido ao mesmo tempo; Hitler também. E quem não conhece tirânicos pais de família que gozam da afeição de seus filhos e esposa, não apenas de sua submissão? Talvez o problema esteja em outra parte: o tirano é amado, mas não pode permitir-se amar alguém; como Ricardo III, ele apenas pode amar a si mesmo, consequentemente, esse amor não lhe traz grande coisa. Admitir seu amor por outro, é também admitir sua necessidade do outro, e, portanto, sua própria vulnerabilidade; ora, a imagem que o tirano tem de si mesmo é a da onipotência. Ele é o senhor descrito por Hegel-Kojève, aquele que nada tem a fazer com o reconhecimento manifestado pelos vencidos; para poder reinar incondicionalmente sobre os outros, ele precisa ficar só. O pai tirânico pode consolar-se na companhia de outros pequenos tiranos.

Um reconhecimento de substituição

A tirania aparenta-se com a violência por seus métodos; entretanto, ela não leva ao reconhecimento inicialmente desejado. Em alguns casos, o insucesso da primeira demanda provoca uma verdadeira reorientação, uma modificação de nível, sem, no entanto, propor uma transformação de método.

---

22 Shakespeare, *Richard III*, V, 3.

A vida em comum

Verifiquemos uma sala de aula. A criança tem a possibilidade de captar a atenção do professor por ser a melhor da classe. E se não conseguir sê-lo, e se este caminho lhe parecer mesmo francamente inacessível? Outra possibilidade abre-se então a ela, permitindo-lhe atrair com o mesmo ou com maior sucesso a atenção do professor, bem como a de seus colegas: fazendo bagunça, impedindo os companheiros de se submeterem às regras, sendo a pior, por não poder ser a melhor. (É claro que esses dois casos não esgotam todas as possibilidades; outras crianças simplesmente serão pouco sensíveis ao reconhecimento escolar.) Em vez do reconhecimento oficial, portanto, é possível obter outro, aquele que valoriza a *transgressão* da regra comum. Esta estratégia, familiar ao "homem do subsolo" de Dostoiévski, o qual prefere atrair as recriminações dos outros a sofrer por sua indiferença, ocupa, na vida, um espaço amplo, que vai muito além das salas de aula; ela explica vários comportamentos "extravagantes", vários atos "histéricos" nas trocas cotidianas. Vemos também que o criminoso pode obter um duplo benefício com seu ato: diretamente, através da recompensa desejada; indiretamente, pela atenção atraída para si, depois de cometido o crime.

Anton Reiser, o herói de Moritz, sofre cruelmente por ser um personagem insignificante, mergulhado na multidão, semelhante aos outros, ou, então, objeto de seu desprezo. Um dia, por acaso, ele se embriaga, o que desencadeia numerosas recriminações. Para sua surpresa, entretanto, percebe que o resultado global do incidente foi positivo.

Ele acabou sentindo uma espécie de orgulho muito estranho no dia seguinte, quando chegou ao coro, ao notar os colegas ridicularizarem seu aspecto pálido e sua aparência espantada, restos da embriaguez da véspera: pareceu-lhe que, bebendo excessivamente, ele tinha realizado uma ação importante. Chegou mesmo a agir como se sua cabeça estivesse girando, sempre para chamar a atenção para si. [...] Ser notado pelo lado ruim de seu comportamento "lhe trouxe, portanto, "uma secreta satisfação".[23]

Outra forma de reconhecimento substitutivo consiste em obter prazer por procuração, graças à atenção, ou à admiração provocada por algum personagem célebre; trata-se, portanto, aqui, de uma forma de *idolatria*. Todas as celebridades provocam este fenômeno de satisfação por transferência; os membros das famílias reais, as vedetes do cinema ou da música, os grandes esportistas, os escritores e os artistas renomados. Eu então me consolo (sem confessá-lo a mim mesmo) com minha vida medíocre, registrando, com detalhe, todas as distinções recebidas por meu ídolo; partilho suas alegrias, que imagino infinitas, regozijo-me com o luxo do qual está cercado. Esta operação é semelhante aos artifícios dos ilusionistas que se erguem eles próprios pelos cabelos: escolho o ídolo em questão, embelezo-o com minha admiração e, depois, tiro proveito do reflexo emitido por sua beleza, gozo de sua auréola de dignidade; o reconhecimento que lhe concedo reflete sobre mim. "Elogiar sinceramente as boas ações é, de certa maneira, delas participar",[24] escrevia La Rochefoucauld. Além disso, todas estas vantagens são obtidas sem o menor esforço de minha parte: é meu ídolo quem escreve, representa ou vence no campo

---

23 Moritz, *Anton Reiser*, p.717.
24 La Rochefoucauld, *Maximes*, M, 432.

de batalhas; sou eu que tiro proveito de suas ações. "A preguiça intelectual torna-se virtude, e podemos nos bronzear sob o sol de uma espécie de semideus",[25] observa Jung, ao descrever esta estratégia.

Praticar a idolatria, no entanto, oferece também outra vantagem, a de sentir-se pertencente a um grupo, a nossos olhos igualmente prestigioso, o dos admiradores da vedete. Neste sentido, a experiência do idólatra assemelha-se à dos membros de qualquer outro grupo em que se obtêm reconhecimento de conformidade pelo simples fato de pertencer a ele. Encontrar um irmão – ou uma irmã – de idolatria alegra o coração; cada qual confirma sua convicção através da convicção dos outros. Um membro do partido nazista, na década de 1930, tirava proveito, ao mesmo tempo, do sucesso de seu ídolo e do sentimento de integrar o grupo dos melhores. O torcedor de um clube esportivo obtém reconhecimento tanto através do sucesso da equipe quanto através da satisfação que tem em pertencer à comunidade de seus admiradores. Em todos estes casos, continuo a me comportar como mágico ou prestidigitador: aproveito o que eu mesmo produzi, a saber, o valor do grupo ao qual me integrei.

A satisfação obtida através do pertencimento a um grupo ao qual não optamos por pertencer, não pode ser considerada um paliativo: todos se sentem tranquilizados em sua existência por se acharem em um quadro familiar, entre os seus. Esse sentimento comum, entretanto, pode também transformar-se e tornar-se um combate: dou, então, tudo de mim para garantir a vitória de meu grupo; estou até mesmo pronto a

---

25 Jung, *Dialectique*, p.125.

assumir o papel de mártir e lutar contra todos os outros grupos rivais; esta identificação com os interesses do grupo me assegura um reconhecimento estável. Poder-se-ia dar, a essa forma exacerbada de conformismo social, o nome de *fanatismo* e lembrar os exemplos, tão frequentes ao nosso redor, do fanatismo nacionalista ou religioso. Muito frequentemente trata-se, nesses casos, de soluções de substituição: o poder do integrismo muçulmano, em nossos dias, tem como condição a impossibilidade de os indivíduos obterem, nos países em que ocorre, qualquer outro tipo de reconhecimento; o mesmo ocorreu com o nacionalismo sérvio, único caminho deixado a uma população privada de seus antigos referenciais ideológicos e incapaz de engajar-se na direção recomendada pelas sociedades individualistas.

O fanatismo vem sempre acompanhado pelo ódio aos outros-diferentes; o inverso do pertencimento comum é a exclusão e o descrédito daqueles que não pertencem ao grupo correto, sua condenação ao papel de bode expiatório em qualquer situação crítica. Entretanto, a demanda de reconhecimento pelo grupo ao qual pertenço (que pode, também, ser uma "minoria") não tem, em si, nada de condenável assim como não o tem as outras formas de reconhecimento. Os países da Europa ocidental estão vivendo, agora, o momento do individualismo; mas é preciso não esquecer que, em todos os lugares do mundo e em todas as outras épocas da história, a identidade coletiva é, ou foi, primordial.

Outra forma ainda de reconhecimento substitutivo consiste em manter a *ilusão* do reconhecimento. Nesse caso, não renunciamos em buscar a consideração dos outros, e não acreditamos que atribuímos reconhecimento a nós mesmos; agora, imaginamos ser reconhecidos pelos outros, quando não é o que ocorre. O indivíduo normal convive com seus fantasmas, no entanto, ele os distingue do mundo real; o louco é aquele que não consegue sair de sua paranoia. "Cada um de nós", escreve Freud, "sob uma ou outra perspectiva, se comporta como o paranoico e corrige, através dos sonhos, as partes do mundo que lhe são intoleráveis, inserindo, depois, essas quimeras na realidade."[26] A religião, para Freud, faz parte das ilusões coletivas: como não somos amados nesse mundo, nós o seremos no além. O inconveniente do reconhecimento ilusório reside, é claro, no sofrimento sempre possível da realidade: o despertar pode ser doloroso. O autor de ficções, em contrapartida, fica bem protegido: ele cria mundos imaginários que podem lhe trazer a satisfação desejada, mas, em princípio, ele não se considera um personagem de romance. Rousseau transformou em programa este uso do imaginário, declarando-o, por princípio, preferível ao real: "Estou melhor com os seres quiméricos que reúno em torno de mim, do que com aquilo que vejo no mundo".[27]

Posso guardar para mim as minhas ilusões. Entretanto, se decido dividi-las com meus próximos, entro na categoria da *presunção*. O presunçoso acredita comunicar informações objetivas; ele não se vê como o autor das apreciações elogiosas concernentes a ele. Na verdade, cansado de esperar que os outros o reconheçam por seu valor, ele próprio se encarrega da tarefa, e, se não diz àqueles que encontra, que todos o elogiam e estimam, diz ao menos que está muito atarefado, que é constantemente solicitado, que não tem mais nenhum segundo

---

26 Freud, *Malaise*, p.27.
27 Rousseau, *Lettres à Malesherbes*, p.1131.

para si, que recebeu convites elogiosos que não poderá honrar, que seu último romance será traduzido para treze idiomas, e assim por diante. Quanto mais sinais de autossatisfação emito, mais enfatizo minha dependência com relação aos outros, pois é a eles que apresento este quadro, em princípio, idílico; as declarações de contentamento são, na verdade, demandas de amor, e a lacuna que se abre entre elas tem algo de patético. Este personagem é conhecido demais para que eu ainda nele me detenha; basta apontar aqui seu pertencimento ao grupo do reconhecimento por substituição.

Renúncias

Algumas formas de renúncia a qualquer forma de reconhecimento são radicais. É o caso do *autismo*, uma afecção profunda do psiquismo que condena a pessoa a ficar fechada em si mesma, a recusar qualquer contato, troca ou comunicação com os outros. Qualquer que seja a origem dessa perturbação, orgânica ou funcional, o efeito é o mesmo: ao recusar o contato, o doente afasta também qualquer risco de não ter reconhecimento ou de não receber a confirmação de seu valor.

Podemos aproximar do autismo certas atitudes menos patológicas. Podemos nos perguntar, por exemplo, se o uso comum de drogas "pesadas" ou "leves" entre os adolescentes (ou de álcool, mais tarde) não corresponde a uma recusa em buscar o reconhecimento dos outros. Quando "viajamos", temos o sentimento de plenitude, de autoconfiança, que permite não mais nos preocuparmos com as reações daqueles que nos cercam. Na mesma faixa etária, um papel comparável é exercido pela música que ouço, preferencialmente, em altíssimo volume,

A vida em comum

ou com um fone de ouvido: a música também serve de camada isolante entre o mundo exterior e eu, ela me envolve como um casulo e me dispensa de solicitar o reconhecimento.

Por fim podemos observar, tanto nas crianças como nos adolescentes, tendências à solidão e à indiferença ao julgamento do outro, muitas vezes após decepções afetivas, após situações que suscitaram o sentimento de abandono. Esconder-se por trás da carapaça da indiferença, permite, evidentemente, evitar decepções futuras. É assim que reage Anton Reiser:

> Desprezado e abandonado pelos professores, assim como pelos colegas, e antipático aos olhos de todos devido a sua eterna tristeza e a seu caráter misantropo [pouco importa se isso é certo ou errado; o essencial é que ele acredite nisso], ele se desinteressou, se podemos assim exprimir-nos, do que valia sua pessoa aos olhos da sociedade e procurou apenas fechar-se, totalmente, em si mesmo.[28]

Bem entendido, tais atitudes de reclusão podem ser interpretadas por outros como orgulho, desprezo, e assim provocar, em sequência à rejeição original, provavelmente imaginária, uma rejeição real. Esta engrenagem é um exemplo, entre outros, de uma "definição persuasiva", na qual a representação produz o objeto representado, como dizem os especialistas em lógica.

Encontramos, não mais entre adolescentes, mas entre certos espíritos filosóficos, religiosos ou místicos, uma atitude igualmente radical com relação ao reconhecimento, mas que se opõe ao autismo: trata-se agora de uma *fusão* com o mundo, na qual

---

28 Moritz, *Anton Reiser*, p.171.

todo contato, qualquer que seja, nos confirma em nossa existência (uma variante daquilo que, antes, designei sentimento de ser). Em vez de fechar todas as vias de acesso, nós as abrimos todas; ou, antes, não somos senão abertura. Confundo-me com o universo e com a vida: o que importa então minha mísera existência? Para designar esse estado, Freud toma de Romain Rolland uma expressão que fala de um "sentimento oceânico"; outros psicanalistas acreditaram ver nela uma recordação da experiência do embrião humano, da simbiose pré-natal. Essa aceitação do universo inteiro, entretanto, oblitera, em seu âmago, a especificidade dos homens; e a fusão com o outro não caracteriza a condição humana, definida, pelo contrário, pela separação e pelo sentimento de incompletude, dela resultante. O sonho da simbiose e da fusão transforma sub-repticiamente o outro em não sujeito, ameaçando-o de absorção. A existência intrauterina não poderia ser o ideal do amor; o nascimento é um traumatismo apenas se quisermos fugir da condição especificamente humana, que é feita de encontros.

Estas duas formas de renúncia, ainda que opostas como o nada e o tudo, se parecem em sua radicalidade. Outras renúncias são mais moderadas – e, ao mesmo tempo, mais comuns. Aquela que gostaria de descrever sob o nome de *orgulho* é uma das mais familiares. Podemos restringir o sentido dessa palavra (em conformidade com grande número de seus usos) para designar a renúncia de qualquer confirmação de meu valor através de um julgamento exterior e sua substituição por uma autossanção, uma confirmação da qual eu, apenas, detenho o privilégio. O orgulho é totalmente diferente da presunção, através da qual exalto a mim mesmo: primeiro porque o indivíduo orgulhoso jamais se rebaixa para dividir as apreciações de si

A vida em comum

com os outros (ele os despreza demais para isso); depois, porque o orgulho não exige, necessariamente, elogios: posso ser orgulhoso e severo comigo mesmo, o importante é que apenas eu tenha o direito de me julgar. Portanto, superficialmente, o orgulhoso mostra-se modesto, uma vez que ele nada demanda aos outros: ele não é vaidoso, neste sentido da palavra; mas sua estima por si é muito maior do que a do vaidoso, o qual confia no julgamento dos outros. Daí, sem dúvida, resulta a fórmula de Rousseau: "O amor de si, quando deixa de ser um sentimento absoluto [isto é, quando é levado ao mundo social], torna-se, nas grandes almas, orgulho; nas pequenas, vaidade".[29]

O indivíduo orgulhoso está muito próximo do indivíduo autossuficiente. Para não precisar depender dos outros, para não admitir sua incompletude, ele procura fazer tudo por si mesmo; hábil no plano físico e mental, ele sempre sabe cuidar de si. Seu desejo de autonomia o mantém com boa saúde: doença é dependência. Ou, então, ele é ascético, desprovido de necessidades: come pouco, vive com pouco. Pensou-se, muitas vezes, que os santos do cristianismo nutriam grande orgulho; quem diz "não preciso de nada" deixa subentendido: tenho tudo; e sonha em ser Deus. Na verdade, o orgulho nos faz separar o reconhecimento de nossa existência da confirmação de nosso valor: ostento indiferença no que diz respeito à esta, mas não àquele. Fico tranquilo não com o julgamento positivo que faço de mim, mas pelo fato de esse julgamento, positivo ou negativo, ficar reservado a mim; entretanto, continuo tendo a mesma necessidade dos outros para sentir que existo, ainda que não lhes demande sua aprovação.

---

29 Rousseau, *Émile*, p.494.

O orgulhoso gostaria de apresentar suas atividades como isentas de qualquer finalidade exterior: ele assim age por ser o que mais lhe agrada no mundo, não porque espera qualquer recompensa. Não é que uma tal motivação seja, em si mesma, impossível: não fazemos todas as coisas buscando reconhecimento; podemos também encontrar sentido na própria realização do gesto, sem passar pela mediação do olhar aprovador. No orgulho, entretanto, a mediação não está ausente; ela está interiorizada. A diferença pode parecer enganosa, mas ela é bem real. Se alguém – quer seja marceneiro ou escritor – executa bem seu trabalho, poderá encontrar satisfação no julgamento positivo de si (interiorização orgulhosa do julgamento dos outros) ou no próprio ato de fazê-lo, sem passar por nenhuma mediação (é o que designo "realização").

Aparentemente, o indivíduo orgulhoso é agradável àqueles que o cercam; mas, em profundidade, ele é frustrante. É agradável, pois não nos importuna com pedidos, não nos solicita constantemente e ajuda com maior frequência do que pede ajuda; ele tem comportamento modesto – ora, a modéstia do outro é algo bastante apreciado. Mas se preciso conviver com ele, progressivamente descubro os inconvenientes da situação. É que ele me recusa qualquer reconhecimento indireto por não admitir sua incompletude. Se ele não tem nenhuma necessidade de mim, eu sirvo para quê? Um ser que depende de mim pode me trazer preocupações e contrariedades; ele, entretanto, me dá mais do que toma de mim: ele me torna necessário. "Sempre precisamos de alguém que precise de nós",[30] diz um personagem de Romain Gary. Esta mãe se queixa do tempo

---

30 Gary, *L'Angoisse du roi Salomon*, p.202.

que lhe toma o filho; aquela mulher sofre por ter de fazer uma visita a um prisioneiro; este homem fica exasperado por precisar cuidar de seu pai doente; o desaparecimento desses seres dependentes atingiria seu sentimento de existência. A demanda de reconhecimento que me dirige o outro, já vimos, é em si mesma, para mim, um reconhecimento. Ora, justamente, o orgulhoso não me dirige nenhuma demanda, ele não procura minha aprovação e não admite sua fraqueza. E ainda tenta fazer tudo melhor do que aqueles que estão junto dele, a ponto de fazê-los sentir-se humilhados com a comparação. Neste sentido, o indivíduo vaidoso, à primeira vista insuportável, é bem mais agradável: constantemente ele exprime sua necessidade de mim. É o que já tinha observado Adam Smith: o orgulhoso é mais respeitável, mas de mais difícil convivência do que o vaidoso, que sempre quer agradar e que é uma boa companhia: ser-lhe agradável é fácil.

A solução para aqueles que estão próximos ao orgulhoso, é evidente, seria sair de perto dele, mas tal ele não suportaria e isso ele deixa claro. É que o orgulhoso exerce uma dupla coerção: exige que todos permaneçam presentes (isto o confirma em sua existência), mas não demanda deles nenhuma contribuição em particular, ostentando, pelo contrário, sua completude (sua autossanção). É como os maridos velhos que desprezam as esposas, mas não conseguem viver sem elas, pois se acostumaram a falar diante delas (em vez de falar a elas), ainda que seja, principalmente, para lhes dizer que elas não merecem escutá-los. O orgulhoso exige o reconhecimento do próximo, mas não pode admiti-lo: por esta razão, ele se recusa a lhe conceder seu reconhecimento.

A origem do orgulho provavelmente reside no desejo da criança de se proteger dos golpes sofridos por seu amor-próprio. Uma criança pode ser mimada pelos pais, mas ela não pode esperar ser mimada por todo mundo. Em vez de me esgotar solicitando os outros, tentando ser melhor que todos, ou atraindo sua atenção para minhas transgressões, não é mais fácil e mais tranquilizador eu me dizer que o julgamento do outro, de qualquer modo, tem pouca importância? Imediatamente eu o desqualifico de modo que ele não mais possa me atingir. Cesso de buscar sua aprovação e, de imediato, recebo um prêmio: aquele que foge dos elogios e dos cumprimentos os merece ainda mais. Consequentemente, esse sistema constitui uma excelente proteção para todo tipo de circunstância penosa: se sou malsucedido em um exame, é porque os examinadores não são capazes de apreciar a originalidade de meu ponto de vista; se o público não gosta de meu livro, é porque é estúpido e inculto; se esta mulher me rejeita, é porque ela não me merece.

Entretanto, como os demais paliativos, este encontra rapidamente seus limites no contato com o real: quaisquer que sejam minhas pretensões, preciso viver com meus próximos, e nem sempre posso encontrar uma profissão que me permita evitar o julgamento dos outros. O orgulho ficará mais protegido com certa dose de sucesso público; se o sucesso é duradouro, meu orgulho nada tem a temer: a modéstia aparente torna-se, então, uma fonte de benefícios suplementares, como o havia observado La Rochefoucauld.

André Gide contou, em *Si le Grain ne meurt* [Se o grão não morre], o modo como, ainda menino, descobriu as vantagens do orgulho. Se alguém lhe assinalasse sua desaprovação, os olhos do menino, em vez de sua voz, respondiam: "Não dou

A vida em comum

a menor importância à sua estima; assim que me julgar mal, deixarei de ter consideração por você".³¹ Adulto, ele não sente dificuldade em proteger-se das diversas decepções de que está repleta a vida de qualquer escritor jovem. Seu primeiro livro não obteve nenhum sucesso? Ele se força a ser razoável dizendo a si mesmo que um triunfo teria sido comprometedor: as pessoas forçosamente têm mau gosto. Os elogios imediatos desaparecem muito depressa. Ele é, finalmente, seu melhor juiz, o que, de modo nenhum, quer dizer o mais complacente.

"Como nada temo mais do que me enganar e como considero a pretensão fatal para o desenvolvimento do espírito, deixo sempre aquém minha autoestima e uso todo meu orgulho para me diminuir."³² O detentor da sanção é o valorizado aqui, não seu objeto, ainda que se trate da mesma pessoa: o privilégio dessa posição prevalece sobre os inconvenientes da situação descrita.

Poderíamos aproximar do orgulho (compreendido no sentido de autossanção) algumas atitudes da *dedicação*. A pessoa dedicada, quer pratique a caridade cristã quer a ajuda humanitária, apresenta-se a si mesma como alguém que nada pede, que é inteiramente desinteressada, e que, ao contrário, se propõe a dar, sem contrapartida: seu dinheiro, seu tempo, suas forças; os beneficiários serão seres necessitados: os pobres, os doentes, os ameaçados. Na realidade, é claro, não é nada assim: ela realiza um ato aprovado pela moral pública e guarda para si os benefícios do reconhecimento indireto, os quais são os melhores. O ser devotado pratica, mais ou menos conscientemente, uma psicologia simplista (o que não constitui, sem dúvida, razão

---

31 Gide, *Si le Grain ne meurt*, p.145.
32 Ibid., p.252.

para lhe pedir que renuncie a suas atividades): ele age como se o outro tivesse necessidade apenas de viver, mas não de existir; ou de receber, mas não de dar. Ele também impede esse outro de, por sua vez, sentir-se necessário, o que teria feito se o ser dedicado revelasse a ele sua própria incompletude, se deixasse ver, abertamente, as necessidades do generoso doador que ele é. A dedicação sistemática é uma atitude de mão única e não autoriza a reciprocidade; os leprosos indianos, os sudaneses que morrem de fome não poderão, jamais, me socorrer; eles desconhecem, na maioria das vezes, meu nome e meu rosto. Sabemos, através de relatos de pessoas beneficiadas pela caridade, que elas são colocadas em uma situação bastante difícil: ficam felizes com o reforço de vida que recebem, mas infelizes com o enfraquecimento de sua existência, pois são condenadas a receber, sem poder dar. Ainda uma vez Anton Reiser, sustentado por pessoas caridosas: "O ano em que Reiser viveu neste estado foi, em algumas horas e em alguns momentos, um dos mais atrozes de sua vida, ainda que todos o felicitassem por sua sorte... O que o abatia, na verdade, era o pensamento humilhante de ser um peso para outro".[33]

Mais uma vez, é a impossibilidade de viver o reconhecimento indireto, aquele que decorre de ações generosas das quais somos o sujeito, e não mais o objeto, que explica esse insucesso. Na dedicação, não demando reconhecimento direto; ou, se o faço, é a terceiros (ao público, aos espectadores, de certa maneira), não àqueles a quem ajudo. A isso acrescenta--se outra vantagem: ocupar-se das necessidades dos outros é esquecer suas próprias necessidades; os benefícios obtidos

---

33 Moritz, *Anton Reiser*, p.122.

A vida em comum

pelo sujeito, nesta escolha, não são negligenciáveis. Como o explica o narrador muito dedicado de *L'angoisse du roi Salomon* [A angústia do rei Salomão], de Gary, romance cujo tema principal é a dedicação: "Chuck disse que eu teria sido o primeiro cristão, se isso fosse possível. Mas creio que é por egoísmo, e penso nos outros para não pensar em mim mesmo, o que, no mundo, é a coisa de que mais tenho medo".[34] O mesmo ocorre com seus colegas de "S.O.S. Benévolos". Observe-se Ginette: "Quando ela ouvia todas as desgraças além do fio, ela se sentia melhor e pensava menos em si mesma; sempre alivia, como diz a religião, pensar nos mais infelizes que nós".[35] É do mesmo modo, finalmente, que se poderia explicar a vocação daqueles que dispensam cuidados profissionais. "Há, por exemplo, psiquiatras que não foram amados quando jovens, ou que sempre se sentiram desinteressantes e rejeitados, mas superaram, e tornando-se psiquiatras, ocupando-se de jovens drogados e de desajustados, consideram-se importantes, são muito procurados [...], eles também têm sentimento de poder e é desta maneira que cuidam de si mesmos, sentem-se melhor em sua pele."[36]

Terminarei minha enumeração dos paliativos evocando brevemente outra forma de renúncia ao reconhecimento, e que, ao mesmo tempo, permite a obtenção de um reconhecimento de substituição: é aquela que consiste em representar, deliberadamente, o papel de *vítima*. Como no orgulho, o reconhecimento é, agora, essencialmente o produto de uma instância que me

---

34 Gary, *L'Angoisse e du roi Salomon*, p.59.
35 Ibid., p.181.
36 Ibid., p.12.

é interior (minha consciência); todavia, de modo diferente dos casos precedentes, ele provém não do sentimento de meu valor, mas daquele de ser vítima da desatenção dos outros. Como na idolatria, ocorre aqui algo mágico: as frustrações, as feridas narcísicas que posso ter, tornam-se fontes de satisfação apenas pela força de minha vontade, pois me permitem ocupar a posição, na verdade desejável, de vítima. "O desejo de despertar pena ou admiração frequentemente ocupa a maior parte de nossa confiança",[37] escrevia La Rochefoucauld, igualando, assim, a vítima e o herói, duas posturas da demanda de reconhecimento.

Por qual razão, entretanto, essa situação seria desejável? Primeiro, porque ela me traz compensações interiores que vencem, e de longe, os inconvenientes que encontro em minhas relações sociais reais. Além disso, ao identificar-me como uma vítima injustamente perseguida, obtenho, junto aos outros, um crédito inesgotável e de fácil uso, por não exigir de minha parte, contrariamente ao que se passa com o orgulho, nenhuma qualidade real. Ao contrário, os fracassos que sofro reforçam minha posição. Tenho piedade de mim mesmo, e essa autogratificação me consola de todos os revezes por mim sofridos. A infelicidade *dita* jamais se confunde com a infelicidade *vivida*; uma é, antes, o contrário da outra, pois, ainda que eu continue não tendo *parceiro*, passo a ter um *ouvinte*. Como disse, de passagem, Marina Tsvétaeva, "quem poderia falar de seu sofrimento sem ficar entusiasmado, isto é, feliz?".[38] Mesmo se não recebo nada, devem-me tudo, o que me torna invulnerável. É preciso acres-

---

37 La Rochefoucauld, *Maximes*, M, 475.
38 Tsvétaeva, *Correspondance à trois*, p.172.

A vida em comum

centar que, na realidade, não queremos ter o destino da vítima, mas queremos obter seu estatuto. A diferença é de tamanho: a "vítima" de quem aqui falo não é geralmente movida por tendências masoquistas, ela não procura sofrer ainda mais. O mal que permite obter este estatuto situa-se, habitualmente, no passado ou em outro lugar; não assumimos esse papel senão por contiguidade (aqueles que praticam a devoção com relação a vítimas reais são, muitas vezes, os beneficiários indiretos da solidariedade demonstrada a elas).

O estatuto de vítima pode também estender-se a grupos no interior de uma sociedade, ou a povos inteiros, assegurando--lhes, assim, o privilégio da reinvindicação, ou mesmo da impunidade. Isto porque, segundo a ideologia democrática, todos devem ter os mesmos direitos (a mesma dignidade); aquele que pode provar ter tido menos que os outros, no passado, pode esperar benefícios suplementares no presente. A propaganda sérvia, durante o conflito iugoslavo, apostou bastante nisso: os sérvios eram apresentados como antigas vítimas que tinham, portanto, direito a compensações (à conquista).

Kant evoca de passagem, em *Anthropologie* [Antropologia de um ponto de vista pragmático], a possibilidade de sentir uma *doce dor* "como a de uma viúva, deixada na abastança, e que recusa consolo".[39] Temos a impressão de que essa viúva realmente viveu em Königsberg, e que nosso filósofo a conhecia. Atentemos para os ingredientes da situação: em primeiro lugar, a viúva é rica, sua sobrevivência não está, de fato, ameaçada; neste sentido, não é uma verdadeira vítima, ela apenas representa esse papel. Ela recusa consolo, isto é, as homenagens dos senhores

---

39 Kant, *Anthropologie*, p.1054.

que a cercam: por que trocar a posição confortável na qual se encontra, a de vítima do destino – de quem todos têm pena, e que, visivelmente, não deixa de fazê-lo saber aos outros, já que o próprio filósofo solitário ouviu falar desse caso –, pelas incertezas de uma nova união na qual ela se arriscaria a não encontrar o reconhecimento apropriado, mas do qual ela não teria mais o direito de queixar-se?

A vítima voluntária prefere a possibilidade de reivindicar à realização de seus desejos. Adler relata o caso de uma menina que quis representar o papel de vítima para sua mãe. "Esta lhe perguntou o que ela desejava em seu lanche, se café ou leite. A menina parou junto à porta e ouviram-na claramente sussurrar: 'Se ela disser café, vou tomar leite; se ela disser leite, vou tomar café!'."[40]

É preciso acrescentar aqui que a satisfação da vítima provém apenas parcialmente da pena que ela tem de si mesma; outra parte é produzida pela consciência, que devem ter os outros, de sua situação lamentável. O pequeno drama comporta, assim, em princípio, três papéis: o da vítima que se queixa, o do culpado (que não acordou o reconhecimento esperado), e, finalmente, o da testemunha-juiz, que ouve as reivindicações da vítima e constata que ela é digna de solidariedade. Este terceiro papel geralmente é desempenhado por um próximo – pessoa da família, marido ou mulher, criança ou pai/mãe –, público prisioneiro que divide o espaço com a vítima, a quem ela conta sua infelicidade, enquanto são os outros, o mundo exterior, os colegas ou os vizinhos, que representam o papel de culpado. A célula familiar permite, no entanto, que apenas um ator desempenhe

---

40 Adler, *Connaissance de l'homme*, p.172.

os papéis de testemunha e de culpado. A mãe diz a seu filho, o marido à sua mulher, que ele, ou ela, é a causa de sua desgraça. A vitimização de si implica, por correlação, a culpabilização do outro; se a testemunha é o único outro que se apresenta, ela precisará desempenhar esse papel. E estará, por isso, investida de uma dupla exigência, impossível de satisfazer, sendo, ao mesmo tempo, causa da desgraça e seu remédio. Levado ao extremo, o "jogo de vítima" leva à destruição do outro e de si mesmo.

Alternâncias

Perguntamos agora: não haveria nenhuma maneira de viver o reconhecimento que escapasse aos inconvenientes dos paliativos? E, se sim, com o que se pareceria? Penso que esta forma existe bastante comumente, ainda que sua prática nem sempre seja fácil: é possível admitir ao mesmo tempo sua própria socialidade e a subjetividade do outro, aceitar o *tu* como, ao mesmo tempo, semelhante e complementar ao *eu*. Poderíamos designar essa modalidade pela expressão *alternância*.[41] Esta fórmula significa, etimologicamente, que devemos esperar nossa vez ("rôle" é o rolo de papel sobre o qual figura uma lista de nomes) e pode ser compreendida com duplo sentido, implicando, por um lado, revezamento e, por outro, divisão de papéis.

Cada um em sua vez: algumas pessoas compreendem essa instrução ao pé da letra. Como cada um demanda reconhecimento a seu próximo, poderíamos realizar, alternativamente, esse serviço mútuo (já vimos que essa capacidade de alternar faz parte de nossa bagagem comum desde os seis meses de

---

[41] No original francês, *tour de rôle*. [N.T.]

idade). Escuto você, depois você me escuta; e recomeçamos. Trata-se, bem entendido, da forma mais mecânica da alternância, talvez mesmo de sua caricatura. Podemos observar uma inofensiva manifestação desse processo ao redor dos tanques de areia nos parques públicos, onde as mães (e, mais raramente, os pais) levam seus filhos para construir castelos, lagos e túneis: para poder contar as aventuras de seu filho, é preciso estar preparado para ouvir as do filho da vizinha (a alternância, diz François Flahault, "implica desapego, adiamento"[42]). Ela me conta que seu menino caiu da cama, formou um galo, ele chorou muito, e que à noite não quis comer sua carne; eu a ouço com paciência (ainda que eu não memorize nada), e lhe concedo o mínimo de reconhecimento que ela me demanda, confirmando-a em seu papel de mãe. Assim, tendo acumulado algum crédito, logo que ela fica quieta, posso começar a falar: comento as peripécias que acabei de ouvir apenas por um "sim" introdutório, e começo, por minha vez, uma narrativa rigorosamente paralela: minha filha, por sua vez, estava realmente impossível ontem, e ela também teve febre etc. A vizinha é obrigada a me escutar.

Nesta versão simplista da alternância, podemos falar de benefício (obtive, em razão da minha paciência, reconhecimento de minha ação no papel de pai/mãe); mas é preciso admitir que este reconhecimento é mínimo. As negociações realizadas pelos diversos grupos políticos, no decorrer de um período de eleições, nos dão um exemplo mais complexo desse procedimento. Podemos, também aqui, observar a alternância: agora é minha vez, depois é a sua; ocorre, da mesma maneira, aquilo

---

42 Flahault, *Face à face*, p.110.

que designamos desistência recíproca, possibilidade oferecida aos corpos coletivos, mas não aos indivíduos: cedo lugar na primeira circunscrição, o grupo aliado faz o mesmo na segunda. Mas acrescentam-se a isso as negociações, as conversas, os compromissos, a procura de consenso, que podem fazer evoluir os dois partidos e são, por essa razão, mais enriquecedores.

Nos grupos duradouros, dentre os quais o casal homem--mulher é o exemplo mais comum, as coisas são diferentes. Além de, habitualmente, ocorrer aqui uma divisão de papéis (segundo sentido de "alternância"), as duas pessoas do casal não necessitam de uma alternância simplista. Elas fizeram uma descoberta que está na base do reconhecimento feliz: a necessidade do outro produz meu reconhecimento, e reciprocamente. A própria demanda a mim direcionada, a saber, a de reconhecê-lo em sua existência, traz a confirmação da minha: sou reconhecido como aquele do qual você precisa. E, quanto ao outro, minha demanda de reconhecimento não o exaspera; pelo contrário, ela lhe concede um estatuto excepcional, uma vez que esse outro é o único (a única) a poder concedê-lo a mim. A cooperação é mais proveitosa para cada um dos dois parceiros do que teria sido seu egoísmo paralelo; contrariamente ao que afirmam os partidários da psicologia individualista, o sujeito encontra vantagem na existência do outro, não em sua supressão: fazendo-o existir, asseguro minha própria existência.

Na base de todo diálogo há um contrato de reciprocidade: a palavra que dirijo ao outro, ao mesmo tempo testemunha minha existência e estabelece a dele; ela reconhece a descontinuidade, e também a semelhança de nossos discursos; para ouvir aquilo que o outro me diz, preciso calar-me, assim como ele fará na sua vez. Ocorre, então, um ritual complexo que todos dominamos, sem nele pensar. Este contrato, no entanto, pode ser rompido com facilidade. Uma das maneiras de anulá--lo é surpreendente: parece que basta explicitá-lo, torná-lo consciente para os dois protagonistas, levando-os a não mais preencher suas funções tão bem como antes. Na verdade, a explicação é um índice, mais do que uma causa, da degradação.

A esfera do privado acolhe os contratos enquanto estes permanecem tácitos, diferentemente daquilo que ocorre nos acordos eleitorais (a vida pública não é gerida pelas mesmas regras que a vida privada, ainda que as fronteiras variem em conformidade com as culturas); se for preciso esclarecê-las com negociações, se – última etapa antes da ruptura – é preciso fixá-las por escrito, é porque o mecanismo da reciprocidade já está corroído; a impossibilidade de improvisação, e de generosidade, revela-se fatal ao casal. Pois – e esta é a causa do bloqueio – a demanda que dirijo a meu companheiro lhe traz reconhecimento, mas não, forçosamente, aquele por ele desejado. Você precisa apenas de meu corpo, não de meu espírito, ele me diz (ou ela); ou o contrário. Ou ainda: você me reconhece como mãe de seu filho, não como um ser autônomo. Não basta saber que toda demanda é também um dom: é preciso ainda que nos seja oferecido o que precisamos.

A atribuição de um papel específico para cada pessoa é outro sentido que toma, aqui, a expressão "alternância". Sabemos o quanto, entre um grupo de crianças, essa técnica permite descontrair o ambiente. Enquanto antes, todos, ao mesmo tempo, queriam o mesmo brinquedo, e todos ficavam frustrados, a criação de papéis específicos passou a permitir, simultaneamente, a satisfação de cada um: uma criança ficará espiando pela janela; a outra irá se esconder atrás da porta, a terceira acionará o alarme. Se cada um representa um papel, sua existência será reconhecida pela própria representação, e o reconhecimento de uma não impedirá o reconhecimento da outra.

A atribuição de papéis estáveis, ainda que não insubstituíveis, explica o modo como funcionam numerosas relações: pais e filho, professor e aluno, empregador e empregado, idólatra e idolatrado. Em cada caso, a necessidade passiva de ser reconhecido, de um, satisfaz a necessidade ativa de reconhecer, do outro; e reciprocamente. Em cada caso, ao mesmo tempo, a satisfação é apenas parcial: o ator não se confunde com seu papel; ele gostaria de representar vários papéis ao mesmo tempo, ou fica cansado de um e demanda outro, ou então troca de papel, e aquilo que o satisfazia ontem, hoje é motivo de desencorajamento.

A alternância, portanto, não é uma panaceia. Ela se adapta à nossa necessidade de reconhecimento, à pluralidade dos seres que formam a sociedade humana; mas, em si mesma, ela é parcial e frágil. Partir da necessidade de reciprocidade e de compartilhamento é preferível aos outros paliativos contra o fracasso do reconhecimento, pois mais verdadeiro; no entanto, isto nada resolve de modo definitivo. A alternância deve ser reinventada e reiniciada a cada instante, o diálogo passado não substitui a presente falta de diálogo. O que acaba sendo outra maneira de constatar que os homens existem, sempre e apenas, no tempo.

IV
Estrutura da pessoa

Multiplicidade interna

Ao descrever o processo de reconhecimento e suas realizações, mais ou menos imperfeitas, abstraí uma de suas dimensões que pode ainda ser acrescentada à sua complexidade. É que, ocorrendo uma interação entre o *eu* e o outro, estabelece-se, ao mesmo tempo, bem mais do que uma relação: à troca presente, acrescentam-se outras, anteriores, antigas ou recentes, e possíveis trocas futuras – o todo devidamente refletido no psiquismo do indivíduo que aspira ao reconhecimento. Esses encontros anteriores e posteriores, assim como outros, vividos em um modo condicional ou com estatuto interrogativo, orquestram e transformam a ação de superfície. A eles está relacionada a multiplicidade interna da pessoa: várias instâncias estão sempre ativas no interior de cada um de nós.

Entretanto, como identificá-las e dispô-las, umas com relação às outras? Desde tempos imemoriais, os sábios, os conhecedores da alma humana constataram tais distinções: o ser humano não apenas é inconstante, mutável (na diacronia), mas também múltiplo (na sincronia). Platão, Aristóteles e os estoicos distinguem diversas funções ou níveis do ser. Montaigne nele observará uma realidade um pouco caótica: "O homem, de modo geral, não é senão remendos e cores".[1] Pascal oporá o corpo ao espírito, o coração à razão. La Rochefoucauld descreverá as múltiplas cenas através das quais é representada a comédia humana e, no fundo do coração, personagens autônomas como o Amor-próprio, o Orgulho, o Interesse ou as Paixões. Os românticos ficarão fascinados pela imagem do duplo, do homem e de sua sombra, Dr. Jekyll e Mr. Hyde, por aquele "misterioso elemento da alma" de que fala Melville, "que nenhuma jurisdição humana parece reconhecer, mas que, apesar da inocência do indivíduo que o habita, tem os mais horríveis sonhos e murmura os mais estranhos pensamentos".[2] William James, por sua vez, fazia a distinção entre o "si mesmo (*self*) material", o "si mesmo social", o "si mesmo espiritual" e o "si mesmo puro". Em nossos dias, estamos habituados a falar de inconsciente e de consciência, ou, em conformidade com a última conceitualização de Freud, de eu, de isso, de superego. Fairbairn, que sempre se coloca em uma ótica intersubjetiva, acrescenta a essa "tópica" alguns "objetos" (isto é, sujeitos outros que não o *ego*): Objeto excitante, Objeto frustante, Objeto ideal. Jung fala de *si mesmo e de eu*, de *anima* e de *animus*, de *persona* e de *imago*.

Observamos outra multiplicação das instâncias interiores do espírito no processo de conhecimento de si. Conforme

---

1 Montaigne, *Essais*, p.675.
2 Melville, *Pierre, ou Les Ambiguïtés*, p.89.

A vida em comum

lembra Borges (ao citar a análise da filosofia hindu realizada por Paul Deussen), observa-se que ocorre uma possibilidade de multiplicação ao infinito, "porque se nossa alma pudesse ser conhecida, seria necessária uma segunda alma para conhecer a primeira e uma terceira para conhecer a segunda".[3] Ocorre o mesmo em relação aos diálogos que mantemos conosco, concomitantemente àquele mantido com um real interlocutor. Em sua breve narrativa intitulada *Compagnie* [Companhia], Samuel Beckett exemplificou a complexidade do diálogo interior sob uma perspectiva diferente. A pessoa que produz o texto lido por nós está só, e fala a si mesma. "No escuro, uma voz chega a alguém":[4] então, sou dois; de um lado, uma voz, alguém; de outro, um ouvinte. Mas há ainda um outro, aquele em quem se fundem a voz e o ouvinte, duas emanações, digamos, de si mesmo. Portanto, três personagens. Podemos, todavia, entrever também "o inventor da voz e do ouvinte e de si mesmo":[5] eles, então, são quatro. E isso é tudo? Beckett escreve: "No mesmo escuro, ou em outro, um outro imaginando o todo para fazer companhia a si mesmo"[6] e comenta: "Então, por que *ou*? Por que em outro escuro *ou* no mesmo? E quem pergunta? E quem pergunta Quem pergunta?"[7] O mesmo eu imagina uma voz e um ouvinte, o inventor faz a pergunta: quem pergunta? Mas é apenas um outro que pode continuar: E quem pergunta, Quem pergunta? Será preciso chamar este quinto a chegar, o escritor? A regressão das instâncias que conhecem ou que enunciam, do

---

3 Borges, *Enquêtes*, p.31.
4 Becket, *Compagnie*, p.7.
5 Ibid., p.32.
6 Ibid., p.29.
7 Ibid., p.31.

sujeito que se transforma em objeto, é, teoricamente, ilimitada, mesmo se, na prática, o limite da inteligibilidade é rapidamente alcançado.

Cada uma das representações da interioridade humana (e existem inúmeras outras tentativas comparáveis) situa-se em uma perspectiva que lhe é própria, daí sua pluralidade. Tomando como ponto de partida a interação entre o si mesmo e o outro, devemos realizar nossa própria análise e deixar de lado categorias oriundas de outras perspectivas: mais do que sua vontade ou sua razão, sua capacidade de ação ou suas emoções, é a intersubjetividade das pessoas que aqui nos interessa. As categorias que proporei não devem ser interpretadas como um questionamento das teorias anteriores — que continuam, todas, sendo pertinentes sob sua ótica —, mas, antes, como um complemento. Por outro lado, elas não são definitivas: é preciso, antes, considerá-las como o levantamento cartográfico de um território ainda pouco explorado. Difíceis problemas de terminologia se colocam, é verdade, pois todos os termos que designam as diferentes instâncias do psiquismo humano já foram empregados, e, portanto, marcados por diversas teorias ou filosofias; nenhuma, entretanto, adotou exatamente nossa perspectiva. Empregarei o termo *si mesmo* [*soi*], pouco usado neste contexto, e, portanto, relativamente disponível para designar o local no qual estas interações se produzem, e o distinguirei entre todas as instâncias que intervêm a todo instante — um pouco à maneira dos membros de um Conselho de ministros, numerosos —, mas tendo cada um, apesar de algumas coincidências, funções bem específicas, e cuja pluralidade, com suas inúmeras variantes, fica oculta pela unidade de decisão representada pelo primeiro ministro. Minha inspiração não será aqui um sábio ou um filósofo, mas um romancista: procurarei, inicialmente, descrever a estrutura do indivíduo nas trocas interpessoais, tal como ocorre em algumas páginas de *À la Recherche du temps perdu* [Em busca do tempo perdido], notadamente no episódio de Montjouvain.

Um encontro em Montjouvain

Recordo, em poucas palavras, a situação. O narrador, em seus passeios pelos arredores de Combray, explora os "lados da casa de Swann" e chega, uma tarde, diante de Montjouvain, a casa de Vinteuil. O compositor já está morto e agora sua filha ali mora e recebe sua amante. O narrador está ao lado da janela aberta, vendo sem ser visto, e ouvindo a conversa. Ele encontrará, nessa cena, material para formar suas ideias acerca do sadismo, observando o desprezo das duas moças pelo falecido pai e observando a amiga cuspir em seu retrato.

A cena começa da seguinte maneira: a senhorita Vinteuil já se encontra na sala, sentada em um sofá, quando chega sua amiga. Em um primeiro momento, ela recua para uma extremidade do sofá, procurando deixar espaço para a outra. "Mas imediatamente sentiu que parecia, assim, impor-lhe uma atitude que seria talvez indesejada."[8] Portanto, ao antecipar a reação da amiga ou, antes, ao imaginar uma reação mais reveladora de sua própria sensibilidade do que da sensibilidade da amiga, a senhorita Vinteuil modifica sua mensagem: ela se reinstala, à vontade, no sofá, suprimindo, assim, qualquer indício de seu desejo, mas demonstrando, ao mesmo tempo, um outro indício

---

8 Proust, *A la Recherche du temps perdu*, p.158.

muito claro, desta vez de sua delicadeza, uma vez que ela nada quer, justamente, impor à amiga. Pouco depois, a situação se repete: a senhorita Vinteuil tenta fechar a janela afirmando que elas poderiam ser vistas. "Mas, sem dúvida, supôs que a amiga pensaria que ela apenas teria dito aquelas palavras para levá-la a responder com certas outras, as quais, efetivamente, ela desejava ouvir, mas que, por discrição, deixaria à amiga a iniciativa de pronunciar."[9] A forma verbal "supôs", bem como, na frase anterior, "sentiu", indica uma antecipação de reação; antecipação muito perspicaz por dizer respeito às suposições da amiga relativamente a seu próprio desejo, em cumplicidade com outra instância, a "discrição" da senhorita Vinteuil. Esta acrescenta, portanto, uma nova frase para atenuar o efeito da primeira: podem nos ver lendo, ela esclarece. Estamos, aqui, diante de uma primeira faceta do indivíduo; esta poderia ser identificada como um si mesmo reflexivo e, mais especificamente, como a parte do si mesmo constituída como previsão e como antecipação das reações do outro em relação às ações do *eu* [*je*].

Entretanto, acabamos de vê-lo, este eu não apareceu só, imediatamente entrou em conflito com outra instância que age no interior da senhorita Vinteuil: o desejo que sente pela amiga (o qual, em minha terminologia, provém antes do "viver" do que do "existir"). A senhorita Vinteuil usa também sua arte de pressupor as reações da amiga de maneira mais simples, para obter, pelo contrário, aquilo que demanda o si mesmo desejante (a antecipação das reações do outro pode servir a vários senhores). Por exemplo, a amiga volta as costas para o retrato do pai.

---
9 Ibid., p.159.

"A senhorita Vinteuil compreendeu que a amiga não o veria se não desviasse sua a atenção para ele";[10] então, negligentemente, ela fala sobre o retrato; o resultado é imediatamente obtido. Mas ela quer mais: a profanação do retrato. E consegue facilmente seu intento através da provocação: "Ó, você não ousaria",[11] ela diz, depois da frase da amiga, cuja consequência imediata é concretizar a profanação.

Uma nova faceta do si mesmo manifesta-se nos momentos em que as duas amigas reinterpretam sequências que lhes são familiares: a senhorita Vinteuil comporta-se em conformidade com a imagem que supõe dela ter a amiga; ela diz as frases que a outra espera ouvir: o que as duas praticam são "profanações rituais"; as réplicas integram "respostas litúrgicas"; as palavras ditas, ela já as tinha ouvido antes "da boca de sua amiga". Estamos, portanto, novamente, diante do si mesmo reflexivo da senhorita Vinteuil, mas, agora, diante de sua vertente retrospectiva, isto é, diante daquilo que a personagem pensa que a outra já pensa a respeito dela.

A tensão principal da cena em Montjouvain situa-se, no entanto, em outra parte: não na relação das duas amigas (elas estão de acordo entre si), nem nas relações com o si mesmo reflexivo, bastante circunscritas, mas em outro conflito interior, que pudemos, de passagem, perceber no momento em que a "discrição" se opunha ao "desejo"; trata-se do conflito entre a aparência "má" da senhorita Vinteuil e sua natureza "boa". "A todo momento", diz o narrador, "no fundo de si mesma, uma virgem tímida e suplicante implorava e fazia recuar um velho

---

10 Ibid., p.160.
11 Ibid., p.161.

soldado rude e vencedor";[12] os "hábitos de timidez" nela combatem as "veleidades de audácia". Tentemos decifrar um pouco estas duas novas personagens.

Em primeiro lugar, o velho soldado. A senhorita Vinteuil deseja sua amante, mas não é apenas isso: para alcançar a "plena realização de seu desejo", ela acredita ser necessário fazer uso de "palavras premeditadas". O si mesmo desejante decide aliar-se a outra instância, a um si mesmo de fachada que se define por sua imoralidade: a senhorita Vinteuil representa a vulgaridade e o sadismo, ela usa uma máscara e faz teatro. Ela se esforça, portanto, para "encontrar a linguagem apropriada à moça viciosa que desejaria ser",[13] para adotar "uma maneira particularmente infame, uma maneira edulcorada daquela infâmia que ela queria assimilar".[14] O si mesmo desejante busca o prazer; o si mesmo de fachada, de conluio com ele, o mal. Mas por que de conluio?

Porque, como o próprio vocabulário usado pelo narrador indica, o prazer dos sentidos e o mal moral apresentam-se à senhorita Vinteuil indissoluvelmente unidos; ela acredita, portanto, que para obter prazer é preciso fazer o mal. O mal não produz seu prazer (ela não é realmente sádica), mas ela pensa o prazer como um mal e crê, em razão disso, que o mal será necessariamente um prazer. "O prazer sensual" lhe parece "algo ruim, o privilégio dos maus".[15] "Não que o mal lhe desse a ideia do prazer, que lhe parecia agradável; o prazer é que lhe

---

12 Ibid., p.160.
13 Ibid., p.159.
14 Ibid.
15 Ibid., p.160.

parecia maligno [...] Ela acabava por encontrar, no prazer, algo de diabólico, por identificá-lo ao Mal."[16] Por esta razão, ela precisa ser má para apreciá-lo; para poder entrar "no mundo inumano do prazer", ela precisa "vestir a pele dos maus".[17]

De quem é a culpa dessa equação destruidora? Daquilo que poderíamos designar moral comum, de origem cristã, segundo a qual o prazer é obra do Maligno; ao mostrar as fontes longínquas dos conflitos presentes, Proust faz conviver muito bem a lei e sua transgressão. Podemos, facilmente, imaginar que, se o tabu social que pesa sobre o indivíduo não fosse levado em conta, a senhorita Vinteuil não teria nenhuma necessidade de parecer má para entregar-se a ele. Se ela faz a amiga cuspir no retrato de seu pai, não é porque a profanação em si mesma lhe traz alegria; é porque ela acredita ser preciso pertencer à casta dos maus, dos seres cruéis e profanadores, para ter direito ao prazer. Esta não é apenas uma moral exterior da senhorita Vinteuil, uma moral existente no mundo, mas ela se tornou, por sua vez, uma personagem de seu universo interior: um senhor inacessível que se digna ou não a conceder sua aprovação e, portanto, também seu reconhecimento.

Não é esta apenas a única intervenção deste outro generalizado que constitui a opinião comum; além disso, ele se alia ainda a uma outra instância de seu ser, à parte mais remota da infância e, ainda mais, da hereditariedade, para construir seu si mesmo arcaico. É o que o narrador designa "sua natureza franca e boa".[18] Efetivamente, o narrador tem o cuidado de

---

16 Ibid., p.162.
17 Ibid., p.160.
18 Ibid., p.159.

nos fazer saber que, mesmo realizando esses atos profanadores, a senhorita Vinteuil preserva algo de virtuoso. Esta é a origem de sua discrição, de seus escrúpulos; ela tem a "generosidade instintiva" e a "polidez involuntária":[19] não se trata de gestos conscientes e aprendidos, o seu próprio si mesmo arcaico está habituado à atenção e à previsão dos desejos do outro. Tudo prova a "verdadeira natureza moral" da senhorita Vinteuil, a "bondade de sua natureza",[20] sua maneira de ser "naturalmente virtuosa".[21] Portanto, estamos agora diante do segundo protagonista do conflito, a virgem tímida de "coração escrupuloso".[22]

Esta nova junção de elementos pessoais e de elementos comuns, cuja consequência é a formação de um si mesmo arcaico, caracteriza especificamente a senhorita Vinteuil. Este si mesmo arcaico é originado por imitação e transmissão e ela o deve, essencialmente, à sua infância. De fato, o narrador se compraz em apontar todas as semelhanças existentes entre a senhorita Vinteuil e seu pai. Em uma cena narrada algumas páginas antes (e aqui relembrada), vemos Vinteuil pai retirar do piano as partituras de sua autoria para não poder ser considerado imodesto e, ao mesmo tempo, atrair os olhares para seu gesto, do mesmo modo como a filha desloca o retrato fazendo a amiga observar o deslocamento aparentemente fortuito. Por meio da cena passada entre as duas amigas, podemos notar, como através de uma transparência, outra interação, entre o pai e a

---

19 Ibid.
20 Ibid., p.160.
21 Ibid., p.162.
22 Ibid., p.159.

filha; a cena arcaica influencia a troca no presente. A senhorita Vinteuil é tão escrupulosa, ou mesmo obsequiosa, quanto seu pai; ela manteve, dele, os gestos de amabilidade, a mentalidade. "No momento em que se queria tão diferente de seu pai, ela me fazia recordar o modo de pensar, de dizer, do velho professor de piano."[23] Até fisicamente, o que nela se destaca é a "semelhança de seu rosto, os olhos azuis da mãe dele, os quais ele lhe havia legado, como uma joia de família".[24]

Quem sai vitorioso desse confronto que se dá na pessoa da senhorita Vinteuil? Após ter cuspido no retrato, a moça fecha a janela e o narrador nada mais vê; mas ele sabe que o desejo, neste caso, foi mais forte. Entretanto, ele não tem certeza de que o velho soldado derrota, sempre, a "virgem". O narrador chega mesmo a pensar o contrário: o si mesmo de fachada impõe-se durante "um instante"; no resto do tempo, ele bate em retirada, diante da virgem das múltiplas facetas, e o si mesmo que engloba a senhorita Vinteuil, a moldura no interior da qual se manifestam todos esses conflitos, precisa constatar que o prazer não está presente. Por mais que a senhorita Vinteuil use uma linguagem de moça viciosa, "as palavras que ela pensava terem sido ditas por aquela, pareciam-lhe falsas em sua boca".[25] O si mesmo que engloba não se deixa enganar pelo si mesmo de fachada. No mesmo instante em que este profana a memória do pai, outra instância psíquica revela-se no interior da senhorita Vinteuil vingando-a, pois a filha do compositor nega, a si mesma, qualquer prazer egoísta. "A ilusão de terem

---
23 Ibid., p.162.
24 Ibid., p.163.
25 Ibid., p.159.

escapado de sua alma escrupulosa e terna" perdura, neste tipo de seres, apenas "um instante", "era-lhe impossível conseguir isso".[26] O narrador retoma este tema, muito depois: "Aquela ideia, que era uma simulação de maldade, apenas destruía seu prazer."[27] Existe, portanto, na senhorita Vinteuil, um senhor do reconhecimento interiorizado que, justamente, lhe recusa sua aprovação. As causas desta recusa podem ser entrevistas: nela, o objeto interiorizado do desejo fica dividido pela contradição; ela o quer, mesmo sabendo-o mau. Os estratagemas do si mesmo de fachada são, portanto, rapidamente desfeitos.

Proust apresenta a cena de Montjouvain como uma manifestação exemplar do sadismo, digna de teatro de bulevar, único onde "é possível vermos uma moça fazer uma amiga cuspir no retrato de um pai que somente viveu para ela".[28] No entanto, refletindo melhor, ele se dá conta de que aquele sadismo não é totalmente autêntico, não merecendo, portanto, reprovação — em todo caso, não tanta como o merece a maldade comum (infinitamente mais corrente) e que se revela na indiferença diante do sofrimento que causamos. É justamente o caráter fingido da maldade e da crueldade da senhorita Vinteuil que o faz emitir este julgamento. Esta, como vimos, não encontra prazer imediato no mal. Ela é, antes, "uma artista do mal" porque certa distância separa seu ser de seu ato, fazendo-o identificar-se, portanto, a uma obra. Realizando propositadamente o mal, ela dá o testemunho de que a ideia do bem não está ausente de sua alma: é preciso conhecer o sentido do sagrado para cometer

---

26 Ibid., p.162.
27 Id., *La Prisonnière*, p.766.
28 Ibid., p.161.

um sacrilégio; é preciso acreditar no culto para poder profaná-lo. "A adoração ao pai constituía a condição do sacrilégio da filha."[29] Por esta razão, pensa finalmente o narrador, se Vinteuil tivesse podido ver a cena, nela teria encontrado, e com sólidas razões, uma confirmação do "bom coração de sua filha".[30] Podemos hesitar em seguir Proust nestas atenuantes relativas à moral e à justiça, que fazem recair o peso do julgamento antes sobre aquilo que sabemos a respeito das motivações daquele que age e de sua experiência interna, do que sobre o próprio ato; temos a impressão de que a grosseria de um indivíduo perturbava muito mais Proust do que a violência pela qual este poderia ser responsável. É incontestável que, em qualquer cena de interação humana, agem instâncias múltiplas do si mesmo, e que Proust soube observar e representar grande número delas, levando-nos, assim, a descobrir a infinita complexidade das relações humanas.

O grupo mínimo

Tentemos, agora, retomar, de maneira um pouco mais sistemática, os resultados desta análise.

A camada que separa o si mesmo do outro, o interior do exterior, não é estanque. Os outros não apenas estão imediatamente ao nosso redor: desde a mais tenra idade, nos os interiorizamos e sua imagem começa a se integrar a nós. Neste sentido, tem razão o poeta: *eu* é um outro. A pluralidade interna de cada indivíduo está em correlação com a pluralidade

---

29 Ibid., t.III, p.765.
30 Ibid., t.I, p.161.

dos indivíduos que os cercam, a pluralidade de papéis por eles assumida; esta é uma característica que distingue a espécie humana. Ao mesmo tempo, ao se formarem, estas imagens — que, evidente, não são absolutamente reproduções fiéis dos indivíduos que nos cercam — serão projetadas sobre seus protótipos ou sobre outros indivíduos, e determinarão, em um segundo momento, nossa percepção do mundo exterior. O si mesmo é um produto dos outros que, por sua vez, ele produz. Esta constatação não significa que o indivíduo jamais terá acesso àquilo que os filósofos designam autonomia. É normal o direito e a moral procurarem determinar os limites de cada sujeito para estabelecer sua responsabilidade; mas a psicologia os embaralha e confunde.

A ideia de que os outros, ao nosso redor, são os responsáveis por nossa pluralidade interna é introduzida na psicanálise clássica através da noção de censura (no sonho, por exemplo); uma personagem, muitas vezes inconsciente, originária das exigências e dos interditos parentais julga e combate outra parte do indivíduo. A autonomia dessa personagem é reforçada quando, em 1923, Freud lhe dá o nome de "superego", tornando-o um dos parceiros de nossa vida interior, precisamente aquele que se origina na interação com os outros. Foi com Melanie Klein, entretanto, que a relação entre "objetos" exteriores e instâncias interiores passou a ocupar o centro da atenção dos especialistas. "O mundo interno é constituído por objetos interiorizados, tomados em seus diversos aspectos e em diversas situações emocionais",[31] ela escreve. Os termos "introjeção" e "projeção" são usados, agora, para designar este vai e vem

---

31 Klein, *Writings*, t.III, p.141.

incessante e repetido, entre exterior e interior. Melanie Klein teve também o mérito de observar que, inicialmente, o "objeto" interiorizado pode somente ser parcial: não o indivíduo todo, mas uma parte de seu corpo. Esta observação está bem de acordo com o que, em nossos dias, sabemos acerca da evolução mental da criança: entre os dois meses de idade – ocasião em que podemos constatar as primeiras interiorizações – e os nove meses – quando o reforço da memória permite estabelecer, com precisão, a identidade do outro – a criança pode, efetivamente, interiorizar partes do corpo do outro (o seio, os olhos, a mão) bem como partes de seu corpo, sem reuni-las em um indivíduo; a transição da parte ao todo é operada apenas progressivamente, e a descoberta de sua própria imagem no espelho pode contribuir para isso.

A metáfora que chega com maior facilidade ao espírito quando falamos sobre a pluralidade interior do indivíduo é a do teatro: La Rochefoucauld já dizia que nosso ser é como um palco no qual é representada a comédia humana. Entretanto, como identificar seus personagens? Ainda que, evidentemente, os pais costumam ser sua inspiração inicial, hesito em seguir aqui o uso por demais restrito de Melanie Klein, que designa "mãe" e "pai" esses personagens interiorizados, mesmo no adulto. Partindo da análise de Proust, eu diria que nosso teatro interior é animado sempre por, pelo menos, três personagens, que designarei o si mesmo, o senhor do reconhecimento, o objeto do desejo. Por qual razão esses, e não outros? A única resposta que, no momento, posso dar é: porque essa hipótese possui certa verdade intersubjetiva e permite contemplar inúmeras situações particulares, inúmeras narrativas, portanto. É preciso acrescentar ainda que cada um desses papéis pode estar dividido em dois, como já havia constatado Melanie Klein – o bom e o mau, o positivo e o negativo. Na verdade, a identificação desses dois polos decorre, principalmente, da comodidade: são igualmente possíveis todas as posições intermediárias, todas as combinações. A dualidade do bom e do mau não tem necessidade de ser reificada no psiquismo humano (não é necessário seguir aqui o maniqueísmo kleiniano que propõe, desde a origem, uma dualidade: amor e ódio, instinto de vida e instinto de morte); ela apenas é a categoria imposta para designar o valor que possuem, para nós, essas instâncias internas.

Por outro lado, cada uma delas pode ser descrita sob dupla perspectiva, dependendo de como nos questionamos: de onde provém essa dualidade? Ou então: para que serve? Comecemos pelo papel do si mesmo. Como é constituído? Trata-se do efeito de nossas percepções: da percepção de nós mesmos, de nosso corpo, bem como de nossas ações, mas, principalmente, da percepção de nossa imagem projetada pelos outros. Lacan, portanto, tem razão quando afirma que o "sujeito identifica-se, em seu sentimento de Si, com a imagem do outro",[32] ainda que possamos hesitar em seguir seu pensamento quando ele interpreta, sistematicamente, essa imagem como uma alienação: na verdade, não há ruptura necessária entre o sujeito do desejo e o eu do olhar, simplesmente porque sem o outro o sujeito não existe, assim como não existe "isolamento" ou "derrelição" originais. Sem o olhar, no sentido genérico atribuído aqui a esse termo, o desejo humano é impossível.

Ao longo de nossa existência, a imagem do si mesmo se forma e se reforma; entretanto, os elementos que a formam

---

32 Lacan, *Écrits*, p.181.

não têm, todos, o mesmo valor; convém distinguir aqui, como sugeriu Proust, o si mesmo arcaico do si mesmo reflexivo. Os dois não se opõem como passado e presente, mas, por um lado, como o passado em ruptura com o momento presente, um passado sobre o qual não temos mais nenhum poder, um mais-que-perfeito, como dizem os gramáticos ("perfeito" no sentido de "acabado"); e, por outro lado, um tempo que permanece em continuidade com o momento presente, podendo situar-se, por sua vez, no passado (mas, desta vez, em um passado "imperfeito", inacabado) ou em um futuro próximo, quando antecipo futuras reações dos outros. O si mesmo reflexivo procede, portanto, ora por retrospecção, ora por antecipação: trata-se, entretanto, sempre da imagem que construímos a partir da imagem que os outros têm de nós.

Se houve uma aquisição incontestável do pensamento freudiano, esta se refere ao si mesmo arcaico: antes de Freud, apenas alguns escritores perspicazes tinham consciência de que o comportamento presente do adulto era determinado por sua experiência passada, a de sua pequena infância; depois de Freud, mesmo aqueles que não se reconhecem na psicanálise (preferindo uma "psicologia da profundidade") admitem esta revelação. E, quanto ao que nos diz respeito: quando da interação no presente, o indivíduo age em função de uma imagem de si mesmo projetada na interação original, fixada no início de sua vida. Há um período da vida durante o qual o si mesmo é maleável; este período começa no nascimento, no primeiro encontro com o outro, e prossegue com uma intensidade inicialmente crescente, depois decrescente, até um momento difícil de ser determinado com precisão: a entrada na idade adulta. O si mesmo se molda a partir das ofertas e demandas dos indivíduos que o cercam.

Entretanto, uma vez formado, este si mesmo arcaico se solidificará e terá grande dificuldade para modificar-se novamente. É inútil recordar as grandes teses bastante conhecidas da psicanálise, que dizem respeito ao si mesmo arcaico, mas podemos situá-las sob nossa perspectiva. Qual lugar reservaremos à configuração edipiana? É claro que o sentimento de atração pelo genitor do sexo oposto pode ser duplicado pela imitação e emulação do genitor do mesmo sexo; assim como a rivalidade com o semelhante pode ser alternada com um sentimento de estranheza em relação ao diferente. A psicanálise ortodoxa procura levar em consideração esse fato falando em formas positiva e negativa do mesmo "complexo"; a estas seriam acrescentadas todas as espécies de formas intermediárias. Entretanto, nesse caso, não vemos bem o que acrescenta a referência ao mito grego: voltamos à ideia geral segundo a qual as relações da criança com seus genitores têm, para ela, um papel essencial. Por um lado, ver na relação com os genitores apenas uma instância do conflito entre desejos e lei dilui, abusivamente, o papel específico representado pela configuração familiar. Além disso, o lugar da criança entre os irmãos, a cumplicidade e a rivalidade com eles, não é menos formadora do que a relação com os pais. Finalmente, outros indivíduos (babás, professores, amigos e inimigos) podem, muito cedo, participar desta troca. O si mesmo arcaico, portanto, torna-se por sua vez um minipalco no qual os os protagonistas de nossa infância representam seus papéis, e cada um deles pode, por sua vez, ser subdividido.

Reconhecer a importância do papel do si mesmo arcaico no comportamento do adulto não implica dizer que se trata de um determinismo exclusivo. Não há como escolher entre psi-

A vida em comum

canalistas "ortodoxos", os quais acreditam que tudo se decide na infância, e psicanalistas "revisionistas", os quais pensam que o contexto social é sempre mais importante: uns e outros têm razão – em parte, nosso comportamento é o resultado de fatores múltiplos, passados e presentes; mas também, é preciso acrescentar, nosso comportamento ilustra o exercício de nossa liberdade e preserva, por esta razão, uma parte irredutível de mistério.

De maneira diferente do que ocorre com o si mesmo arcaico, o si mesmo reflexivo não é um dado intangível: ele se modifica com o tempo e podemos agir sobre ele, pois essa imagem da imagem que os outros têm de nós dialoga, na consciência do si mesmo, com a imagem que temos de nós mesmos, e esse diálogo pode passar do perfeito acordo à pura e simples contradição. No primeiro caso, a imagem que tenho de mim mesmo é totalmente dependente daquela que recebo, refletida, dos outros que me rodeiam; no segundo, contesto vigorosamente esta imagem, assegurando a estes outros que estão enganados. Àqueles que lhe dizem: "Você agora está bem", a personagem-vítima retruca, com aspereza: "Você está cometendo um grave erro, nunca me senti tão mal, e, principalmente, não pense que você não tenha nada a ver com isso: você é o principal culpado de minha infelicidade".

Mikhail Bakhtin, em suas pesquisas sobre a intertextualidade, foi particularmente sensível à diferença entre retrospecção e antecipação. Quando Anton Reiser, para tomar um exemplo literário outro que *À la recherche du temps perdu*, tem uma atitude indigna para com seu diretor, a razão desta atitude é dupla: é *porque* ele pensa que o diretor o considera medíocre e, ao mesmo tempo, *porque* ele quer que o diretor assim o considere. Com muito maior frequência, modificamos nosso comportamento desta ou daquela maneira para satisfazer a suposta expectativa do outro. Outras vezes ainda, antecipamos as objeções e adotamos, logo de partida, um tom polêmico. Antes de apresentá-la ao outro, represento a cena em minha cabeça e, no momento da apresentação, levo em consideração reações que eu tinha imaginado deste mesmo outro. O si mesmo reflexivo de antecipação é, com relação ao si mesmo retrospectivo, mais circunstancial e mais pontual: ao invés de constituir uma média vaga de todos os meus interlocutores passados, ele depende da identidade concreta de meu interlocutor atual. Não mais do que o si mesmo retrospectivo, ele também não pode ser avaliado em termos de verdade: trata-se de um fato, não da descrição de um fato, e é como tal que modifica meu comportamento presente e não por prever, com acerto, as reações reais do interlocutor.

Tais são, portanto, as fontes intersubjetivas de nosso si mesmo; voltemo-nos, então, para os papéis que este pode assumir no palco do teatro interior. Convém, aqui, distinguir três: o si mesmo positivo, o si mesmo negativo e o si mesmo ideal. Este último constitui a imagem que construímos de nossos heróis; gostaríamos de ser parecidos com eles, mas reconhecemos, bastante bem, a diferença entre ideal e realidade. Quanto à oposição entre o si mesmo bom e o si mesmo mau, ela tem suas raízes em nossa relação com os outros. A demanda de reconhecimento que lhes dirigimos é ininterrupta; portanto, ela é também, necessariamente, frustrada. Suas peripécias, entretanto, são vividas de maneira muito diferente – conforme todos podem facilmente distinguir – através de seres dominados por um si mesmo positivo, que conseguem "ver o lado bom da

A vida em comum

vida", e por seres convencidos de sua própria mediocridade ou maldade, nos quais o si mesmo negativo está em primeiro plano.

Isto já ocorre na infância: a criança pode sentir-se inteiramente satisfeita ou decepcionada por conseguir ou não negociar os momentos cruciais de sua existência, a chegada de outras crianças, a separação dos pais e, portanto, a privação prolongada de pelo menos um deles, o abandono por um ou pelos dois. O conhecimento abstrato deste processo não permite, de resto, aos mais disponíveis e aos mais bem-intencionados pais decidirem, com antecedência, a respeito da quantidade de atenção que devem dar a seu filho: uma linha tênue separa as frustrações da criança negligenciada daquelas da criança mimada, e é difícil saber qual das duas, na idade adulta, desempenhará o pior papel. Pois, se a criança negligenciada (ou aquela que assim se julga) corre o risco de não ter confiança em si, e, portanto, corre o risco de buscar refúgio no papel de vítima, a criança mimada, mesmo sentindo inicialmente maior segurança, temerá jamais encontrar a mesma atenção junto aos outros e optará por apresentar-lhes uma carapaça de orgulho e de rejeição. Por sua vez, ela também se tornará inapta para a vida em comum. O si mesmo positivo pode, portanto, desempenhar um papel tão ruim quanto o si mesmo negativo.

Anton Reiser julga que toda sua infelicidade tem origem na infância. Por que, no presente, ele nada consegue? "A culpa recaía sobre seus pais: ele sempre fora rejeitado e afastado por eles, e disto lhe ficou uma paralisia da alma pela qual não era responsável e da qual, a partir da infância, nunca tinha conseguido libertar-se totalmente."[33] Percebemos, de passagem, que

---
33 Moritz, *Anton Reiser*, p.307-8.

esta culpabilização dos pais serve aqui de remédio (de paliativo); o remédio não impede que o si mesmo arcaico intervenha, sem cessar, em Anton. Os resultados dessas intervenções, no entanto, nem sempre são previsíveis: quando reinterpretamos nossa infância na idade adulta, não significa que a repetimos, quando o fazemos, compensamos o que nela faltava. "Durante sua infância, ele teve muito pouca existência pessoal", observa Moritz, em certo momento, quando estabelece uma relação unívoca entre a atenção do outro e a existência de si mesmo, "esta é a razão pela qual qualquer destino que não o seu o atraía com tanta intensidade".[34] As situações originais não permitem deduzir as situações presentes, nem o inverso: Anton é atraído para onde outros seriam repelidos.

Anton nunca encontra forças para contestar a imagem de si mesmo que recebe dos outros, ou que acredita deles receber. Se esta imagem for positiva, tudo irá bem; ele se tornará digno dela. "Esta impressão de ser respeitado aumentou, nele, o sentimento de seu próprio valor e tornou-o uma outra pessoa."[35] Infelizmente, durante a maior parte do tempo, o encadeamento se opera no sentido oposto. Vimos que seus pais, que pouco o amaram, fizeram-no sofrer os primeiros golpes, os quais nunca conseguiu superar. Depois, ele continuará sendo vítima da mesma engrenagem: para agir bem, ele precisa ter confiança em si; entretanto, para dispor dessa confiança, precisa receber a estima dos outros (ou de um outro, em particular). Ora, como obter essa estima, já que é incapaz de agir bem sem tê-la recebido? "A confiança em si mesmo era uma qualidade

---

34 Ibid., p.345.
35 Ibid., p.268.

A vida em comum

da qual Anton fora desprovido desde sua infância. Para ser amado, é preciso, inicialmente, julgar-se amável. Em Reiser, a confiança em si mesmo era despertada apenas se seu parceiro desse provas de uma bondade indulgente. Só então ele ousava tornar-se amável."[36] Desprovido da segurança inicial que traz o amor, o respeito, a atenção dos pais, Anton não consegue extrair de seu si mesmo arcaico os elementos de sua confiança em si mesmo. Ele poderia encontrá-los em seu si mesmo reflexivo? Isto seria desejável, pois "a estima de si mesmo, cuja fonte não poderia então ser para ele senão a estima testemunhada pelo outro, é a base da virtude",[37] as boas ações constituem para ele o efeito, não a causa, da boa imagem. Inversamente, se o mundo o desconhece, ele perde todo o interesse por si mesmo: "Era bastante normal que Reiser não mais se interessasse por sua aparência, uma vez que ninguém no mundo tinha prazer em olhar para ele".[38] Por pensar que os outros tinham uma opinião negativa a seu respeito, Anton se antecipava em confirmá-la; ele é presa de um poderoso si mesmo negativo, de um verdadeiro anti-si mesmo, que o destrói inteiramente. "O comportamento do diretor para com Reiser era ditado pela atitude temerosa e desconfiada deste último, que parecia revelar uma alma abjeta; o diretor, entretanto, não pensava no fato de que esta atitude temerosa e desconfiada constituía, precisamente, o fruto do comportamento que ele próprio havia tido, no início, com Reiser."[39]

---

36 Ibid., p.122.
37 Ibid., p.197.
38 Ibid., p.172.
39 Ibid., p.166.

De modo que as palavras que lhe são dirigidas pelos outros adquirem uma força mágica: criam aquilo que elas afirmam, dando a impressão de serem verdadeiras quando são, apenas, eficazes. Mais uma vez, são "definições persuasivas"; e, mais uma vez, percebemos a continuidade entre o interpessoal e o intrapessoal. La Rochefoucauld havia observado a mesma relação, mas em sentido inverso: "A confiança que temos em nós faz nascer grande parte da confiança que temos nos outros".[40] Se, inversamente, os outros não têm confiança em mim, eu também não tenho confiança em mim e, portanto, não tenho confiança neles!

Em sua narrativa autobiográfica *La Promesse de l'aube* [Promessa ao amanhecer], Romain Gary também apontou, cuidadosamente, os efeitos do si mesmo arcaico sobre as atuais ações do indivíduo. Ele não ignora que "as frustrações experimentadas na infância deixam marca profunda e indelével e nunca podem ser compensadas";[41] sua narrativa, entretanto, concentra-se, antes, sobre os inconvenientes da situação contrária, a de um si mesmo arcaico positivo demais: quando, na infância, recebemos muito, toda a continuação da vida pode parecer uma decepção. "Não é bom, tão jovem, tão cedo, ser amado tanto. Isso traz maus hábitos. Acreditamos que as coisas são como devem ser. Que em outro lugar é assim; que isso vai se repetir. Contamos com isso. Olhamos, desejamos, esperamos. Com o amor materno, a vida faz, no início, uma promessa que jamais cumprirá."[42] Há, é verdade, "circunstâncias agravantes":

---

40 La Rochefoucauld, *Maximes*, MS, 47.
41 Gary, *La Promesse de l'aube*, p.115.
42 Ibid., p.38.

Gary é filho único e não apenas ele não tem pai, como também sua mãe não tem amante. Ora, "é melhor que as mães tenham alguém outro para amar. Se minha mãe tivesse tido um amante, eu não teria passado minha vida morrendo de sede perto de cada fonte".[43]

Romain Gary atravessará a vida não deixando nunca de sentir o "olhar maravilhado"[44] da mãe sobre seu rosto e, certamente, ele deverá a esta particularidade de seu si mesmo arcaico sua força e sua fraqueza. Milagrosamente, ele escapou dos perigos da guerra, acumulou honras literárias e sociais, amou todas as mulheres que quis, em uma aceleração descontrolada e louca; entretanto, ele se tornará também, cada vez mais, angustiado: o vazio deixado pelo desaparecimento do olhar da mãe é tão grande que nada pode preenchê-lo; qualquer realização perde seu brilho diante desse ideal. "À medida que crescia, minha frustração de criança e minha confusa aspiração, longe de se atenuarem, cresciam comigo e aos poucos transformavam-se em uma necessidade que nem mulheres, nem arte bastariam para acalmar."[45] Não existe certeza de que esta interpretação baste para explicar os estados de alma do próprio Gary (que escreveu essas linhas em 1960 e suicidou-se em 1980), entretanto, o que ele descreve aplica-se, certamente, a muitos indivíduos.

No palco do teatro interior, o si mesmo (*os si mesmos*) encontra outras personagens, oriundos, portanto, não mais de uma suposição daquilo que os outros pensam sobre nós, mas

---

43 Ibid., p.39.
44 Ibid,. p.308.
45 Ibid., p.21.

da imagem que, diretamente, formamos deles; no entanto, cada personagem pode ter sua origem em protótipos múltiplos. Passaremos, neste momento, mais rapidamente sobre sua proveniência, pois as fontes são as mesmas: o mais-que-perfeito da pequena infância, o imperfeito e o futuro próximo das trocas sociais. Entretanto, no que diz respeito ao senhor do reconhecimento, este juiz interior que aprova ou desaprova nossos atos (aquele a quem Adam Smith designava "espectador imparcial e bem informado"), um esclarecimento se impõe: no decorrer da infância, assimilamos não apenas as injunções e os exemplos parentais, mas também as normas sociais vigentes na comunidade. Estas foram interiorizadas no decorrer de trocas antigas cujos protagonistas não mais são, forçosamente, indivíduos identificáveis. Trata-se, efetivamente, de um consenso referente ao dever-ser, sem autor particular, composto de costumes, de evidências, de descobertas científicas, de leis, de provérbios, de clichês, registrados em algum ponto no âmago da memória, e dos quais não sabemos ainda qual uso fazer.

Estas normas dizem respeito a mim não enquanto indivíduo, mas enquanto membro do grupo. De resto, elas não são exclusivamente morais e podem, igualmente, ser estéticas: por exemplo, as moças pensam que devem ser magras, e, portanto, comer o menos possível (todos os estereótipos sociais contribuem para isso). No entanto, existem também casos em que o conjunto dos valores interiorizados se une a uma experiência particular e chega a tomar os traços de uma pessoa: um professor, um parente, um próximo – ou, ao contrário, um estranho encontrado por acaso; minhas normas podem não coincidir com as do grupo. Para Romain Gary, é principalmente a mãe que representa, nele, o papel daquilo que designa "testemunha interior"[46] e que ele julga responsável por suas exigências morais.

Quanto às ações empreendidas pelo senhor do reconhecimento, elas nos são favoráveis ou desfavoráveis, a ponto de dividirmos esta figura em duas, separando aquele que valoriza daquele que persegue. Melanie Klein chamou a atenção para eles. "Mantemos, fixados em nossos espíritos, nossos entes queridos [...] podemos nos sentir, em certas situações difíceis, guiados por eles, e nos perguntar se eles teriam ou não aprovado nossas ações."[47] Graças a essas personagens, podemos melhor compreender certos comportamentos descritos antes.

É o senhor do reconhecimento quem, em sua versão positiva, explica o reconhecimento de conformidade: ele me permite dispensar a aprovação explícita dos outros, pois eu me reconheço em conformidade com as normas comuns; estou, então, como dizem, em paz com minha consciência. É um senhor do reconhecimento ao mesmo tempo positivo e muito pessoal que permite compreender o orgulho: valorizo-me mesmo em oposição às normas em vigor ao meu redor. Sabemos, por outro lado, o quanto pode ser cruel o "perseguidor" (o mau senhor do reconhecimento) que nos priva de qualquer alegria, apresentando-nos exigências cada vez mais difíceis de satisfazer; frequentemente, ele é o responsável pelos comportamentos que qualificamos como masoquistas. Trata-se de um inimigo impiedoso que despreza todos nossos empreendimentos e que envenena todos nossos prazeres. É ele também que, já o vimos, torna o prazer da senhorita Vinteuil impossível.

---

46 Gary, *La Nuit sera calme*, p.27.
47 Klein, *Writings*, t.I, p.338.

Finalmente, o terceiro personagem principal é o objeto interiorizado do desejo (recordo que tanto o "existir" quanto o "viver" participam da intersubjetividade). Sua identificação não implica que seja preciso postular, correlativamente, um sujeito do desejo (ou *eu*) separado, para sempre, do eu social, como sugere Lacan: não existe solução de continuidade entre os dois, razão pela qual o "imaginário" não é pura alienação ou ilusão. Esta imagem nutre-se, como as precedentes, de nossas experiências anteriores, arcaicas ou recentes, pessoais ou partilhadas, com outros membros de nossa comunidade. E ela também conhece a mesma divisão em objeto bom e objeto mau. O bom objeto interior, a segurança de seu efeito benéfico sobre nós, facilita ao mesmo tempo a relação amorosa feliz e uma certa autonomia do si mesmo, responsável pela impressão de felicidade transmitida pelo indivíduo: todos partilham essa atitude, reconhecida como generosa. O mau objeto interior, aquele designado "sabotador"[48] por Fairbairn, é uma imagem necessariamente inconsciente por ser, em sua essência, contraditória, e, portanto, mais difícil de ser descrita: somos atraídos por certo "objeto", mas ao mesmo tempo, em segredo, nós o tememos e o rejeitamos (provavelmente por culpa do senhor do reconhecimento). O mau objeto do desejo torna impossível a realização do desejo e será responsável por uma grande agressividade com relação aos outros e com relação a si mesmo, acompanhada por sofrimentos bastante grandes. A desaprovação do senhor do reconhecimento é mais fácil de ser racionalizada e, portanto, dominada, por estar, afinal, em relação com uma certa moral; mas, a impossibilidade de amar

---

48 Fairbairn, *An Object-Relations Theory of the Personality*, p.147.

e de desejar, porque o objeto do desejo é, na realidade, mau, a coincidência entre o objeto a ser amado e o objeto a ser destruído, é absurda e percebida como uma impossibilidade de existir (diferença comparável à da rejeição e da denegação, observadas anteriormente). Quando os antagonistas (ou personagens negativas) têm primazia sobre os protagonistas (ou personagens positivas), a doença mental não está distante. Quando o si mesmo negativo se filia a um mau senhor do reconhecimento, abre-se o caminho para a mania de perseguição e para a paranoia: o ódio dos outros, real ou suposto, engendra o ódio de si mesmo, cujos efeitos, frequentemente, são devastadores. Toda ação torna-se impossível para mim, pois estou corroído por minha vergonha por mim mesmo diante do olhar interiorizado do outro; minha timidez transforma-se em impotência e em "paralisia da consciência".[49] Como me fazer amar se não me considero amável; como ter sucesso se já não me amam, se tenho a certeza de que vou fracassar? Podemos, desta maneira, nos colocar, a nós mesmos, em uma verdadeira prisão da qual é possível que nunca consigamos sair, uma vez que a ação negativa do sujeito se alimenta do reflexo negativo no outro, que se alimenta da ação, e assim por diante, infinitamente. O "complexo de inferioridade", no adulto, muitas vezes, nada mais é do que um si mesmo reflexivo negativo. O mau objeto do desejo, compreendido não mais como uma agressão contra si, mas como uma agressão contra nossos personagens interiorizados – e, neste sentido, ainda mais grave – provoca a depressão e pode conduzir à destruição dos outros ou de si mesmo (ao suicídio).

---

49 Moritz, *Anton Reiser*, p.180.

Os efeitos negativos dessas personagens interiorizadas manifestam-se também no plano coletivo. Algumas minorias raciais sofrem muito para escapar desta engrenagem: nós as julgamos violentas, e elas assim se tornam. A pobreza que as caracteriza engendra, nos outros, o desprezo; este destrói a confiança em si mesmo, o que, por sua vez, condena os membros dessa minoria a mergulharem ainda mais na pobreza – ou a recorrerem ao paliativo da violência. Como o demonstrou Shelby Steele, em suas análises acerca do problema racial nos Estados Unidos, a agressividade do sabotador interno, do anti-si mesmo da minoria negra é, em grande parte, responsável pela situação inextricável na qual esta se encontra em nossos dias.

A complexidade da cena interior da pessoa não cessa aí. Jung observou que, ao lado das imagens interiorizadas *dos* outros, aos quais ele atribui o nome de *imago*, o indivíduo também produz uma imagem *para* os outros, designada por Jung *persona*: trata-se de uma máscara usada para o público, um si mesmo de fachada. A *persona*, de certa forma, é o inverso das *imagos*: não é mais a imagem que recebo, mas aquela que produzo; não é mais a interiorização dos outros, mas a exteriorização de si mesmo; ambas são, entretanto, produções híbridas, "formações de compromisso entre o indivíduo e a sociedade".[50] Opto por mostrar-me amável ou inflexível, engraçado ou melancólico, e, ao fazê-lo, represento intencionalmente um papel, que sei não ser "si mesmo" ou, em todo caso, tudo do si mesmo; este papel pode também ser inteiramente determinado pelas normas vigentes (resultar do conformismo social). Trata-se das bastante

---

50 Jung, *Dialectique*, p.96.

conhecidas atitudes da hipocrisia, da mentira, do fingimento, através das quais obtenho certo reconhecimento, mesmo sabendo que este pode estar no lugar errado; é o que designamos falar ou agir para a plateia. Mas é também a invenção, a criação, o encanto da vida cotidiana, que se transformam em espetáculo e em obra de arte. O papel que escolhi para representar junto aos outros pode ser influenciado pela antecipação de sua reação, e ter por objetivo apenas a sedução: procuro mostrar-me da maneira como – imagino – seria amado e admirado pelos outros (a passagem da afetação ao fingimento é fácil). Mas é possível também que este papel ocorra de modo totalmente independente e que objetive uma consequência particular a ser obtida: perturbar, tramar, intimidar. O contexto social representa um papel importante aqui (uma sociedade repressiva favorece, evidentemente, o desenvolvimento da hipocrisia).

É importante considerar que este si mesmo de fachada não é menos inevitável que os outros: a interação humana sempre mobiliza apenas uma parte da pessoa; portanto, represento um papel nem que seja para escolher algumas de minhas características em detrimento de outras. Nossa identidade profissional e pública constitui, forçosamente, um si mesmo de fachada. Por esta razão, não seguiremos Jung quando este vê apenas uma única *persona* por indivíduo; produzimos, ao contrário, grande número delas, em conformidade com os contextos nos quais nos inserimos: público e privado, de amizade e amoroso, de filho ou de pais (dado que, frequentemente, somos os dois). É inútil também querer "liberar-se dos falsos invólucros da *persona*":[51] nosso si mesmo não pode ser separado de nossas

---

51 Ibid., p.134.

relações com os outros e das exigências que lemos em seu olhar, assim como o "sujeito", no sentido lacaniano, não pode, na verdade, ser pensado sem seu "eu". Mais do que uma máscara, o si mesmo de fachada é uma postura, uma expressão do rosto: precisamos de uma, sempre.

A todos esses personagens que se agitam em cena, devemos acrescentar ainda um último, que é a própria cena, o contexto no qual se desenvolve a interação. Trata-se, portanto, de um si mesmo englobante – mas também, de certa maneira, de uma torre de controle, pois em algum lugar alguém deve tomar decisões, avaliando os aspectos favoráveis e os desfavoráveis, as vantagens e os inconvenientes de cada solução. É o que William James denomina "si mesmo de todos os outros si mesmo"[52] e que ele descreve como uma instância de julgamento entre elementos conflituosos: "Estou consciente do jogo constante de avanços e recuos em meu pensamento, de controles e de autorizações, de tendências que acompanham o desejo e de outras que o contrariam".[53] Ora devemos nos submeter às exigências do senhor do reconhecimento, ora satisfazer aquelas do si mesmo desejante, uma vez obedecer, sem saber por qual razão, às injunções do si mesmo arcaico, outra, ainda, permanecer prisioneiros, contra nossa vontade ou contra a nossa moral, do si mesmo reflexivo, ou daquela construção intencional que é o si mesmo de fachada (La Rochefoucault descreveu bastante bem alguns desses conflitos interiores). O si mesmo englobante não intervém diretamente neste debate que, algumas vezes, é um combate e, outras, um acordo, mas que é, principalmente, seu

---

52 James, *Principles*, p.297.
53 Ibid., p.299.

A vida em comum

resultado e se situa em um nível superior: trata-se da instância que, após um cálculo impenetrável, nos faz escolher entre as diferentes opções, que estabelece as prioridades e que distribui os privilégios.

O grupo assim visto é bastante mínimo: cada um de seus membros, como vimos (exceto o si mesmo englobante), pode, por sua vez, ser subdividido. E, o que não acomoda as coisas, cada pessoa, já múltipla em si-mesma, encontra outras pessoas tão complexas quanto elas: o *tu* comporta as mesmas instâncias que o *eu*. Cada *tu* – e encontramos tantos a cada dia! – demanda nova regulagem de nosso aparelho de contato social ou, pelo menos, uma readaptação. Há em nós, portanto, um mecanismo com admiráveis sutilezas, de uma grande complexidade, que nos permite orientar-nos "automaticamente" em relação a cada troca particular. Os romancistas não o ignoraram, como testemunha o irmão de William, Henry James, apreciador de frases do tipo: "Ele sabia que, de fato, eu não podia ajudá-lo e que eu sabia que ele sabia que eu não podia", ou ainda "Ó ajude-me a ter os sentimentos que, eu sei, você sabe que eu gostaria de ter!".[54] Assim é o cotidiano da existência, uma vez que vivemos em permanente negociação e que o comércio humano exige a convocação e a cooperação das diversas instâncias do si mesmo. Instâncias que, insistamos ainda uma última vez, são, todas elas, intersubjetivas, isto é, produzidas pela interação com o outro; nenhuma dentre elas provém das profundezas de nosso ser individual. Não é social apenas essa ou aquela faceta de nosso ser: é social a existência humana toda.

---

54 H. James apud T. Todorov em *Poétique de la prose*, p.88.

V
Coexistência e realização

A realização de si mesmo

O reconhecimento que demandamos ao outro é multiforme e onipresente. Entretanto, seria ele o único caminho para o surgimento de nosso sentimento de existência? Tomemos o exemplo do trabalho bem executado. Este, evidentemente, fornece um aumento do reconhecimento: na sociedade, estimam-me por eu ser um bom especialista, meus colegas me respeitam, os discípulos afluem, eu ainda sou bem pago para isso; ora, o dinheiro permite-me, ainda, ter acesso a outras gratificações. O reconhecimento mantém-se mesmo se modificarmos algumas circunstâncias: posso realizar o trabalho em minha casa e para mim, longe de qualquer olhar, e desdobrar-me em objeto-produtor e sujeito-avaliador; posso, também, procedendo por autossanção, felicitar-me interiormente por meu trabalho ter sido tão bem executado. É possível, entretanto, encontrarmos satisfação de outro tipo ainda; não no julgamento emitido pelo outro, ou por mim, mas, distante de qualquer reconhecimento, e mesmo de qualquer coexistência, no próprio gesto que realiza o trabalho. Sem nenhum desdobramento, sem nenhuma mediação, o ser humano tem, então, por sua simples presença em cada um de seus gestos, o sentimento de sua própria *realização* e vive, através dele, sua existência.

O índice que permite a distinção entre a realização de si mesmo e o reconhecimento, nele incluídas suas formas solitárias ("orgulhosas"), é a presença ou a ausência de uma mediação: o reconhecimento é necessariamente mediatizado por um outro, ainda que por um outro anônimo, impessoal ou interior; a realização é imediata, ela atropela o processo de reconhecimento e mantém, nela mesma, a própria recompensa. Ela nos fornece o sentimento de sermos nós mesmos, de vivermos a verdade, a qual somos, por vezes, tentados a designar "autenticidade"; entretanto, a exigência de "ser si mesmo" que vislumbrava Oscar Wilde no frontispício do templo da modernidade, depende ainda demais da autossanção, pois comparamos os gestos presentes a uma imagem ideal de si mesmo; ocorre o mesmo com a "realização de si mesmo" da qual tratam alguns psicólogos. A realização não necessita de nenhuma comparação; ela é pura presença. Relaciona-se, por essa razão, ao belo, tal como o definia Moritz, em um de seus escritos dedicados à estética: "O belo é tão perfeito em si mesmo que todo o objetivo de sua existência está nele mesmo".[1] Ocorre o mesmo com cada gesto que compõe a realização. Nem por isso, no entanto, trocamos a "existência" pela "vida": ainda que não seja

---

1 Moritz, *Schriften*, p.69.

determinada em relação ao outro, a realização é tão estranha ao mundo animal quanto o era o reconhecimento, ela pressupõe a natureza social do homem, ainda que não faça uso dela.

O sentimento de realização de si mesmo que decorre da execução de alguns gestos ou a adoção de algumas atitudes também não se confunde com o que comumente designamos "desenvolvimento" da personalidade, na medida em que implica abertura para o exterior, excesso de comunicação, uma forma mesmo de alegria. A realização também provoca alegria, mas não exclui a solidão nem o silêncio; seu efeito é puramente interior.

Martin Buber propôs uma divisão do universo das ações humanas em duas esferas, Eu-Tu e Eu-Isto, dependendo de encontrarmos ou não outros sujeitos ao nosso redor. A coexistência é a esfera do Eu-Tu; a realização é o ponto culminante do domínio do Eu-Isto. No interior dessa última esfera, é preciso distinguir as vertentes passiva e ativa. Talvez a forma mais comum da realização seja aquela que sentimos quando somos confrontados com a beleza (pois, por sua vez, esta é realização): não encontro fonte de alegria em mim mesmo, nem na existência do criador desta beleza, supondo que ela tenha um criador; o belo está fora de mim, ele é impessoal, e, no entanto, ele me preenche com uma espécie de júbilo interior que reforça meu sentimento de existir. Quando estou imerso na beleza natural, tenho tendência a identificar-me com meus sentidos: fico repleto de sons, de imagens, de sensações táteis, de odores; realizo-me em uma fusão dilacerante com o mundo que me cerca.

A beleza da arte implica uma percepção mais complexa, pois esta reúne não apenas *os* sentidos, mas também *o* sentido: aquele sentido atribuído pela arte à experiência humana. Nisto, a arte aparenta-se com outras experiências de ordem intelectual ou espiritual. Ao ler um livro que admiro, de um filósofo ou de um sábio, de um poeta ou de um romancista, sinto-me envolvido em uma relação que me permite realizar-me através do próprio contato que estabeleço com um pensamento poderoso ou com uma imagem inesgotável: minha existência parece-me, literalmente, ampliar-se. Posso experimentar o mesmo sentimento na experiência religiosa: esta não é, apenas, um "paliativo" comunitário ou uma "ilusão" tranquilizadora, como o pensava Freud, mas ela constitui também uma possibilidade para o *eu* abrir-se ao mundo infinito, natural e sobrenatural, de colocar sua existência pessoal em comunhão com o universo inteiro.

É preciso acrescentar a esses êxtases contemplativos ações que dependem da vertente ativa na relação do homem com o mundo. A realização pelo trabalho benfeito – físico ou mental – dela provém: a execução de uma obra de arte o exemplifica tão bem quanto a execução de uma receita de culinária, ou a construção de um castelo de areia, à beira do mar. Além disso, a produção de um objeto não é absolutamente obrigatória; posso sentir-me realizado simplesmente através do esforço físico, quando faço o melhor que posso. A performance esportiva, assim como o trabalho bem-feito, remetem, evidentemente, a uma instância múltipla: ela pode me oferecer glória e riquezas, ela pode ser realizada com o objetivo apenas de provar para mim mesmo que posso saltar mais alto que os outros, que sou capaz de atravessar o oceano à remo; mas pode também me dar alegria na e pela perfeição do próprio gesto, por possibilitar aquilo que, antes, era impossível. Posso também alegrar-me com meu sucesso mental, com minha capacidade de resolver problemas matemáticos, sem buscar, ainda uma vez, outra gratificação além do próprio gesto: minha alegria é incomum e limita-se ao momento presente.

A criação científica e artística podem ser consideradas o coroamento dessas atividades, por sintetizarem as duas vertentes, ao mesmo tempo interpretação do mundo e criação de um objeto que nunca antes havia existido. Que a ciência provenha do domínio do Eu-Isto é verdadeiro não somente sob a perspectiva das ciências físicas, nas quais o sábio é, de qualquer forma, o único sujeito humano, mas também o é sob a perspectiva das ciências sociais, nas quais o objeto se faz de outros sujeitos. Enquanto objeto de estudos, estes são excluídos do diálogo; podem, entretanto, participar dele depois, na condição de leitores ou de críticos do sábio. O mesmo ocorre com a obra de arte: no momento da criação, o artista está só, ainda que ele se comunique, antes e depois, com seus contemporâneos.

Todas as formas de realização têm caráter paradoxal: o *eu* que nelas parece estar esquecido, delas sai enriquecido. Quando realizo um trabalho pelo prazer de realizá-lo, não penso em mim; quando admiro ou compartilho, coloco-me em segundo plano. No entanto, toda vez, reforço minha existência. Este acréscimo de si mesmo, entretanto, não basta para encontrar, sob uma forma camuflada, a afirmação do isolamento do indivíduo tomado de maneira fortuita na rede social apenas, como o queriam as diferentes tradições da psicologia individualista. A realização não se opõe à coexistência como a solidão à sociabilidade – o reconhecimento podendo ser buscado na solidão do orgulho e a realização vivida em companhia dos outros – mas como a ausência ou a presença de mediação. O mundo do Eu-Tu como o do Eu-Isso tem formas detestáveis e formas sublimes, a vaidade e a alienação no trabalho são tão comuns quanto a comunicação pacífica e a realização; nenhum desses mundos é intrinsecamente superior ao outro, e ninguém pode viver fora deles. O ser humano é feito das relações que estabelece com seus semelhantes e é, ao mesmo tempo, capaz de intervir sozinho no mundo; ele é duplo, não uno.

A linha tênue

No decorrer de uma só e única experiência, mecanismos múltiplos são desencadeados. Nós o vimos com relação ao amor, que participa simultaneamente do viver e do existir, do físico e do mental, do tomar e do dar, do reconhecimento e da comunhão; mas ocorre o mesmo com ações mais comuns. Ler um livro de que gosto, ouvindo música em minha casa, bem confortavelmente: é uma felicidade! Várias formas de reconhecimento participam deste sentimento de bem-estar. Fico satisfeito com a imagem que ofereço a mim mesmo: a autossanção funciona. Se alguém entrar no cômodo, poderá admirar-me ou invejar-me: experimento prazeres distintos. Leio um autor de qualidade, fico orgulhoso com a ideia de pertencer ao (restrito) grupo de seus admiradores. Esses prazeres sociologicamente previsíveis, no entanto, são apenas os mais superficiais. Ao lado deles, experimento outro, mais durável: o autor que leio consegue formular em palavras aquilo que eu sentia, mas não sabia dizer, *meu* pensamento, *meu* sentimento, *minha* sensação; assim, ele amplia meu universo mental, ele lhe confere mais sentido e beleza. Projeto-me nos personagens do romance, e uma vida suplementar acrescenta-se à minha; sinto-me enriquecido, mais forte, mais inteligente. Mas posso também experimentar o prazer da leitura intransitivamente, sem passar por nenhuma mediação, nem mesmo a de meu próprio julgamento: entregar-me a essa atividade me oferece, então, o sentimento imediato de realizar-me, portanto, também de existir. Sem dizer que ler remete, em meu caso, ao hábito e, portanto, à repetição: é também uma maneira de persistir em meu ser.

A complexidade das experiências não anula o interesse em distinguir seus elementos; é a interação desses mecanismos múltiplos que, apenas, permite levá-los em conta. Esta mesma complexidade nos obriga a afastar da descrição de nosso funcionamento psíquico categorias que vêm mais facilmente ao espírito quando nos interrogamos acerca da vida em comum: solidão e socialidade, egoísmo e altruísmo.

A vida em sociedade não provém de uma escolha; somos desde sempre sociais. Como observaram aproximadamente na mesma época o russo Bakhtin e o americano G. H. Mead, nunca podemos nos ver, fisicamente, por inteiro; aí reside uma encarnação tácita de nossa incompletude constitutiva, da necessidade que temos do outro para estabelecer nossa consciência de nós e, portanto, também para existir. É em um nível bem diferente que se situa a escolha entre vida isolada e vida em grupo, escolha que nada revela de fundamental em nossa atitude com relação ao mundo, mas antes uma tendência à calma e ao silêncio ou, ao contrário, uma agorafilia. A solidão como modo de vida não implica que possamos viver sem os outros, nem que estejamos desinteressados por eles: qualquer solidão vem precedida por um período formador no decorrer do qual, de fato, a relação com o outro orientou nosso si mesmo; ora, este, por sua vez, influencia a vida presente. Na solidão, não deixamos de nos comunicar com nossos semelhantes, apenas escolhemos algumas formas de comunicação em detrimento de outras; encontros espaçados ou indiretos podem compensar, em intensidade, o que se perde em frequência ou facilidade.

Portanto, Rousseau não se contradiz quando afirma simultaneamente que a vida em sociedade define a vocação do gênero humano e que ele prefere a solidão à companhia dos outros homens: ele não é menos social por ficar só, pois ele pensa, coloca questões, escreve. E ele tem razão ao indignar-se pelo fato de os outros deduzirem, considerado seu gosto pela contemplação solitária, uma misantropia qualquer ("Apenas os maus são solitários",[2] dizia, maldosamente, um personagem de Diderot). Pode-se estar só na multidão e, em comunhão profunda, no isolamento aparente. Por sentir-se mais feliz quando está só, Rousseau, então declara: "Nossa mais doce existência é relativa e coletiva, e nosso verdadeiro eu não está inteiramente em nós. Enfim, a constituição do homem nesta vida é tal que nunca conseguimos gozar de nós mesmos sem a participação de outrem".[3] Baudelaire transcende também a oposição dos termos: "Multidão, solidão: termos iguais e convertíveis para o poeta ativo e fecundo. Aquele que não souber povoar sua solidão, também não saberá estar só na multidão apressada".[4] "A comunhão universal" é mesmo mais acessível ao "caminhante solitário" do que aos amantes da multidão; ou antes; ela depende não das circunstâncias, mas de uma disposição interna.

Uma melhor compreensão da existência humana é útil não somente em si mesma, mas também porque ela influencia os

---

2 Diderot, *Le Fils naturel*, p.62.
3 Rousseau, *Dialogues*, p.813.
4 Baudelaire, *Les Foules*, *Oeuvres complètes*, t.I, p.291.

objetivos que a sociedade determina para seu desenvolvimento. É em decorrência de algumas concepções antropológicas subjacentes que dizemos que o objetivo da existência é, de um lado, o desenvolvimento do indivíduo, a realização de si; ou, de outro, o progresso da sociedade, ainda que este implique o sacrifício de cartas vantagens do indivíduo. Estas duas versões do ideal humano, entretanto, participam de uma mesma concepção de homem, que o representa em antagonismo com seu meio social, tornando necessário escolher: o indivíduo ou a sociedade. Ora, é sempre necessário voltar a esse ponto, não existe si mesmo anteriormente constituído, como um capital legado por herança, que podemos dilapidar, distribuindo-o aos outros, ou então trancar cuidadosamente e dele desfrutar sozinhos. O si mesmo existe apenas na e por sua relação com os outros; intensificar a troca social significa intensificar o si mesmo. O objetivo da existência não poderia ser um *ou* outro, mais si mesmo ou mais sociedade, mas, "nos momentos de milagre", para falar como Saint-Exupéry, "uma certa qualidade das relações humanas".[5]

Embora as teorias acadêmicas não mais invoquem o princípio hedonista da maximização dos prazeres ou do ideal utilitário da maior felicidade para o maior número de pessoas – não porque um ou outro seriam imorais, mas porque mal compreendem a real experiência humana –, esses princípios e esses ideais, sob a forma de clichês anônimos e de evidências concedidas de si mesmas, continuam a impregnar nossa vida social e a orientar projetos políticos em curso. Se o objetivo último das forças políticas em um país é apenas o de atingir

---

5 Saint-Exupéry, *Lettre à un otage*, p.342.

o máximo de consumo e o máximo de produção, sem nunca perguntar-se acerca do efeito que terão essas atividades sobre as relações interpessoais, o despertar pode ser brutal, não é possível ocultar dessa maneira o essencial. Tomar consciência de que o objetivo do desejo humano não é o prazer, mas a relação entre os homens, pode, ao mesmo tempo, nos permitir reconciliar-nos com situações que pareceriam insatisfatórias sob outros critérios e agir de modo a melhorar a vida da sociedade de modo duradouro e geral.

A existência humana não está ameaçada pelo isolamento, pois este é impossível; ela está ameaçada por algumas formas de comunicação, empobrecedoras e alienadoras, e também pelas representações individualistas desta existência, que nos fazem viver tragicamente, o que é a própria condição humana: nossa incompletude original e a necessidade que temos dos outros. Isso porque essas representações não são um reflexo passivo do real, elas determinam nosso valor e, assim, agem sobre esse real.

Essas representações fazem com que tantos indivíduos, como Don Juan, concebam os elos com os outros como submissão ou pelo menos como armadilha. Benjamin Constant terá passado sua vida debatendo-se com este paradoxo que, de fato, não o é: como defender a autonomia política do indivíduo constatando sua extrema dependência social? "Estranha espécie humana que nunca consegue ser independente", ele exclama, em seu *Journal*.[6] Ora, a dependência não é alienadora, a sociedade não é execrável, ela é liberadora; é preciso libertar-se das ilusões individualistas. Não há plenitude salvo nas relações

---

6 Constant, *Journal, Oeuvres*, p.394.

A vida em comum

com os outros; o consolo, o reconhecimento, a cooperação, a imitação, a competição, a comunhão com o outro podem ser vivenciadas na felicidade.

Os comportamentos sociais do homem constituem o terreno sobre o qual a moral é construída; é ainda mais importante separar a descrição das escolhas morais daquela do próprio aparelho psíquico. Nada prejudicou tanto a conhecimento da existência especificamente humana quanto sua percepção através de termos exclusivamente morais, como "vaidade" ou "sede de glória"; justificar moralmente nosso pretenso egoísmo primordial também não nos faz avançar. Não se deve ver na socialidade nem uma qualidade a ser cultivada, nem um vício a ser extirpado, e não se deve reduzi-la nem à generosidade, nem à vaidade. Cada um tem o direito de existir, e solicita, para alcançar seu objetivo, o olhar do outro: esta solicitação não é absolutamente condenável; não remetendo a nenhuma escolha ela é por definição extramoral. Viver em sociedade não é "ultrapassar nossas inclinações" (a exigência que Kant dirigia a nossas ações morais). Isso não quer dizer que egoísmo e altruísmo não existam, ou sejam equivalentes, mas sim que sua distinção em nada influencia nossa socialidade. Se, do ponto de vista moral, o comportamento altruísta é preferível, não significa, já o vimos com relação à dedicação, que ele é "desinteressado" (interessado-desinteressado é um outro par de termos cujo valor descritivo está, na psicologia, próximo de zero) ou que produza um puro bem. A psicologia não poderia substituir a moral, contrariamente àquilo que, às vezes, é dito; apenas uma nova moral pode substituir a ruína da antiga. Uma atitude cooperativa e solidária é moralmente preferível a seu contrário e, por outro lado, a autonomia de cada indivíduo é um valor; no entanto, a socialidade humana, mais uma vez, simplesmente, não tem contrário.

 Seria igualmente vão querer reconduzir a uma oposição moral a distinção entre coexistência e realização: assim como esta não se reduz à distinção entre socialidade e solidão, não poderíamos aí situar, como parecem nos convidar tantos moralistas antigos e modernos, o vício da dispersão e a virtude da autarcia ou da concentração. O sentimento de existência proveniente da realização não é absolutamente mais virtuoso do que aquele que provém do reconhecimento; ele apenas é mais sereno. É que a própria existência não se mede em termos de bem e de mal, mas de felicidade e de infelicidade.

 Então, já que as atitudes reputadas morais como a generosidade ou a dedicação encontram em si mesmas sua recompensa, não deveríamos considerá-las mais virtuosas que seu contrário? Isto significaria ainda confundir duas perspectivas distintas, a da psicologia do indivíduo e a do bem comum. Do ponto de vista psicológico, egoísmo e generosidade não se opõem como presença ou ausência de benefícios para o sujeito, como uma preocupação de si mesmo ou uma preocupação com os outros; mas, antes, como a escolha de benefícios materiais imediatos e limitados, e de benefícios psíquicos, indiretos mas essenciais. Se instrumentalizo completamente o outro, se o reduzo ao papel de fornecedor de prazeres imediatos, privo-me por esta mesma razão dos dons infinitamente superiores que ele poderia me oferecer. Sob o ponto de vista político, o egoísmo é lastimável, o altruísmo ou o sacrifício de si, desejável.

 Uma análise psicológica dos atos morais em nada, portanto, diminui seu valor e chega mesmo a aumentar seu poder de sedução. Ela pode, além disso, exercer uma certa influência sobre a formulação do ideal moral. Vimos que o senhor do reconhecimento poderia comportar-se como tirano impiedoso, mais severo ainda do que o "açoite" com o qual, outrora, se fustigavam os monges, e, por suas exigências constantemente renovadas, assim impedir para sempre a felicidade. Mas seria preciso, tendo-o constatado, precipitar-se para o outro extremo, e decidir, adiantadamente, que tudo o que fazemos é também bom, que devemos renunciar a qualquer ideal e a qualquer tentativa aperfeiçoamento moral? Esta seria ainda uma alternativa estéril, uma aplicação brutal do terceiro excluído. Entre o realismo resignado e o idealismo repressor fica aberto o caminho das virtudes cotidianas, não distantes demais de nossas possiblidades, por consistirem, essencialmente, em preocupação pelo outro e pelos outros, dos quais, de qualquer maneira, precisamos muito; a moral não nos obriga a combater nossa natureza, contrariamente ao que ensinam tanto o cristianismo como Kant. Preocupar-se com os outros não significa, absolutamente, privar-se de si mesmo, muito pelo contrário; vê-lo mais claramente pode favorecer, ao mesmo tempo, o bem comum e a felicidade do indivíduo.

Esta mesma constatação que poderia assemelhar-se a um elogio da vida em comum, no entanto, deve nos tornar conscientes das ameaças que pesam sobre ela. Rousseau, o primeiro no Ocidente, conforme vimos, a identificar a socialidade constitutiva de nossa espécie, não deixou de percebê-lo. Não há felicidade sem os outros, ele diz. "Não concebo que aquele que não tem necessidade de nada possa amar algo; não concebo que aquele que não ame nada possa ser feliz."[7] Somos felizes por-

---

7 Rousseau, *Émile*, p.503.

que amamos, amamos porque sem o outro somos incompletos. Entretanto, se nossa felicidade depende exclusivamente dos outros, esses outros detêm consequentemente os instrumentos potenciais de sua destruição. "É de nossas afeições, muito mais do que de nossas necessidades, que surge a inquietação de nossa vida."[8] As necessidades físicas e materiais são, finalmente, bem fáceis de serem satisfeitas, ainda que uma grande parte da população mundial não consiga atingi-las; são as afeições que constituem o essencial da vida, mas elas dependem dos outros. "Quanto mais ele [o homem] amplia seus laços, mais ele multiplica seu sofrimento."[9] Em um primeiro momento, ampliar seus laços é reforçar o sentimento de existência; mas tornando-nos tão dependentes dos outros, corremos grandes riscos. "Cedo ou tarde, perderemos tudo o que amamos, mas, como se durasse eternamente, nós nos apegamos a tudo."[10]

Esta é a contradição específica da condição humana: nossa consciência e nossos desejos habitam o presente perpétuo e se movem no infinito; nossa existência, esta se passa no tempo e tem apenas uma extensão finita. "Nossos desejos são vastos, nossa força é quase nula."[11] Não há felicidade fora do amor; ora, o amor é mortal: o dos amantes se enfraquece ou se dilui, o dos pais e dos filhos transforma-se à medida que as crianças se tornam, por sua vez, adultos.

A própria sociedade vive no tempo, e seu equilíbrio é forçosamente precário; não se pode esperar que os conflitos desapareçam, mas apenas que eles sejam resolvidos sem violência.

---

8 Ibid., p.816.
9 Ibid.
10 Ibid.
11 Ibid.

A vida em comum

Quanto aos indivíduos, estes não podem dominar seus desejos, ainda menos os dos outros; ora, os desejos mudam; no entanto, os homens sonham com o absoluto. Dois personagens de Romain Gary mantêm, no escuro, este diálogo: "– Aline. – Sim? – De que todos temos medo? – De que isto não dure".[12] Apenas entrevisto, o instável equilíbrio do reconhecimento abala-se alternadamente; mal alcançada a realização de si mesmo nos demanda o recomeço de sua conquista. Um caminho bastante estreito conduz à felicidade que separa abismos vertiginosos; e não podemos nunca ter a certeza de tê-lo seguido realmente. O que fazer então? Encerrar-nos numa solidão orgulhosa para nos poupar de decepções futuras, como o preconizam os estoicos? Desligar-nos dos bens terrestres para amar apenas, infinitamente, o único ser infinito, Deus, como o recomenda Santo Agostinho? Ou então aceitarmos nossa condição, como nos propõe Rousseau, sem a esperança de uma vida eterna nem de uma alma imortal, sem o consolo de uma sobrevida através da comunidade, da descendência ou das obras, substitutos da imortalidade? A vida em comum apenas garante, e no melhor dos casos, uma frágil felicidade.

---

12 Gary, *L'Angoisse*, p.265-6.

Referências bibliográficas

ABRAHAM, K. *Oeuvres complètes*. t. II. Paris: Payot, 1966.
ADLER, A. *Connaissance de l'homme*. Paris: Payot, 1990.
_____. *Le Sens de la vie*, Paris: Payot, 1991.
ARGYLE, M.; COOK, M. *Gaze and Mutual Gaze*. Cambridge: Cambridge University Press, 1976.
ARISTÓTELES. *Éthique à Eudème*. Paris: Vrin, 1991.
_____. *Éthique de Nicomaque*. Paris: Flammarion, 1965.
_____. *La Politique*. Paris: Vrin, 1982.
BACHOFEN, J.-J. *Du règne de la mère au patriarcat*. Lausanne: Éd. de l'Aire, 1980.
BAKHTIN, M. *Esthétique de la création verbale*. Paris: Gallimard, 1984. [Ed. bras.: *Estética da criação verbal*. São Paulo: WMF Martins Fontes, 2011.]
BALINT, M. (com Alice Balint). *Amour primaire et technique psychanalytique*. Paris: Payot, 1972.
_____. *Le Défaut fondamental*. Paris: Payot, 1979. [Ed. bras.: *A falha básica*: aspectos terapêuticos da regressão. Porto Alegre: Artmed, 1993.]

BATAILLE, G. *L'Érotisme*. Paris: Éd. de Minuit, 1979. [Ed. bras.: *O erotismo*. Belo Horizonte: Autêntica, 2013.]
_____. *La Part maudite*. Paris: Éd. du Seuil, 1971. [Ed. bras.: *A parte maldita*. Belo Horizonte: Autêntica, 2013.]
BATESON, G. *Vers une écologie de l'esprit*. 2v. Paris: Éd. du Seuil, 1977 e 1980.
BATSON, C. D. *The Altruism Question*. Hillsdale, N.J.: LEA, 1991.
BAUDELAIRE, C. *Oeuvres complètes*. t.I. Paris: Gallimard, 1975.
BECKETT, S. *Compagnie*. Paris: Éd. de Minuit, 1980. [Ed. bras.: *Companhia e outros textos*. São Paulo: Editora Globo, 2012.]
BENJAMIN, J. *The Bonds of Love*. New York: Pantheon, 1988.
BLANCHOT, M. *Lautréamont et Sade*. Paris: Éd. de Minuit, 1963.
BORGES, J. L. *Enquêtes*. Paris: Gallimard, 1986.
BOWLBY, J. *Attachement et Perte*. 3v. t.I: *L'Attachement*. Paris: PUF, 1978. [Ed. bras. *Apego e perda*. v.1: A natureza do vínculo. São Paulo: Martins Editora, 2002.]
BUBER, M. *La Vie en dialogue*. Paris: Aubier, 1959.
_____. *On Intersubjectivity and Cultural Creation*. Chicago: The University of Chicago Press, 1992.
BURSTON, D. *The Legacy of Erich Fromm*. Cambridge, Mass.: Harvard University Press, 1991.
CHODOROW, N. *The Reproduction of Mothering*. Berkeley: The University of California Press, 1978.
CÍCERO. *L'Amitié*. Paris: Arléa, 1991. [Ed. bras.: *Sobre a amizade*. São Paulo: Nova Alexandria, 2006.]
CONSTANT, B. *Oevres*. Paris: Gallimard, 1979.
DIDEROT, D. *Supplément au voyage de Bougainville*. In: *Oeuvres philophiques*. Paris: Garnier, 1964.
_____. *Les Fils naturel*. In: *Oeuvres complètes*. t.X. Paris: Hermann, 1980. [Ed. bras.: *O filho natural*. In: *Obras*, v.5. São Paulo: Perspectiva, 2008.]
DOSTOIÉVSKI, F.M. *Notes d'un souterrain*. Paris: Aubier, 1972. [Ed. bras.: *Memórias do subsolo*. São Paulo: Editora 34, 2000.]
DUPUY, J.-P. *Le Sacrifice et l'Envie*. Paris: Calmann-Lévy, 1992.

DURRY, M.-J. *La Vieillesse de Chateaubriand*. t.I. Paris: Le Divan, 1933.

EDELMAN, M. *Mémoires du ghetto de Varsovie*. Paris: Éd. du Scribe, 1983.

ELIAS, N. *La Solitude des mourants*. Paris: Bourgois, 1987. [Ed. bras.: *A solidão dos moribundos* (seguido de "Envelhecer e morrer"). Rio de Janeiro: Zahar, 2001.]

ELLISON, R. *Homme invisible, pour qui chantes-tu?* Paris: Grasset, 1984. [Ed. bras.: *Homem invisível*. São Paulo: Marco Zero, 1990.]

FAIRBAIRN, W. R. D. *An Object-Relations Theory of the Personality*. New York: Basic Books, 1952.

FEUERBACH, L. *Grundsätze der Philosophie der Zukunft*. In: *Sämmtliche Werke*. t.II. Stuttgart, 1904 (tr. fr.: *Manifestes philosophiques*. Paris: PUF, 1960). [Ed. bras.: *Princípios da filosofia do futuro*. São Paulo: Edições 70 (Grupo Almedina – Brasil), 2002.]

FLAHAULT, F. *La Parole intermédiaire*. Paris: Éd. du Seuil, 1978.

_____. *Face à face*. Paris: Plon, 1989.

_____. Le renouvellement des idées et la question du sentiment d'exister. *Politiques*, 7, 1994. p.119-40.

FREUD, A. *Le Moi et les Mécanismes de défense*. Paris: PUF, 1949. [Ed. bras.: *O ego e os mecanismos de defesa*. Porto Alegre: Artmed, 2006.]

FREUD, S. *Malaise dans la civilisaion*. Paris: PUF, 1971. [Ed. bras.: *O mal-estar na civilização*. São Paulo: Penguin Companhia, 2011.]

_____. *Nouvelles Conférences sur la psychanalyse*. Paris: Gallimard, 1971.

_____. *Essais de psychanalyse*. Paris: Payot, 1967.

_____. *Totem et Tabou*. Paris: Payot, 1965. [Ed. bras.: *Totem e tabu*. São Paulo: Penguin Companhia, 2013.]

FROMM, E. *Escape from Freedom*: New York: Avon, 1965 (tr. fr.: *La Peur de la liberté*, Paris: Buchet-Chastel, 1963). [Ed. bras.: *Medo à liberdade*. Rio de Janeiro: Zahar Editores, 1941/1960.]

_____. *La Mission de Sigmund Freud*. Bruxelles: Complexe, 1975. [Ed. bras.: *A missão de Sigmund Freud*. Rio de Janeiro: Zahar Editores, 1959.]

_____. *La Crise de la psychanalyse*. Paris: Anthropos, 1971. [Ed. bras.: *A crise da psicanálise*. 2. ed. Rio de Janeiro: Zahar Editores, 1970/1977.]

FROMM, E. *Le Coeur de l'homme*, Paris: Payot, 1992. [Ed. bras.: *O coração do homem*. Rio de Janeiro: Zahar Editores, 1964/1965.]
_____. *L'Art d'aimeri*. Paris: Éd. de l'Épi, 1980. [Ed. bras.: *A arte de amar*. Belo Horizonte/Rio de Janeiro: Editora Itatiaia, 1956/1995.]
FUKUYAMA, F. *La Fin de l'histoire et le dernier homme*. Paris: Flammarion, 1992. [Ed. bras.: *O fim da história e o último homem*. Rio de Janeiro: Rocco, 1992.]
GARY, R. *L'Angoisse du roi Salomon*. Paris: Gallimard, 1987.
_____. *La Nuit sera calme*. Paris: Gallimard, 1976.
_____. *La Promesse de l'aube*. Paris: Gallimard, 1973. [Ed. bras.: *Promessa ao amanhecer*. São Paulo: Estação Liberdade, 2008.]
GIDE, A. *Si le Grain ne meurt*. Paris: Gallimard, 1992. [Ed. bras.: *Se o grão não morre*. Rio de Janeiro: Nova Fronteira, 2004.]
GIRARD, R. *Mensonge romantique et vérité romanesque*. Paris: Grasset, 1961. [Ed. bras.: *Mentira romântica e verdade romanesca*. São Paulo: É Realizações, 2009.]
GRIMM, J.; GRIMM, W. *Contes*. 2v. Paris: Flammarion, 1967. [Ed. bras.: *Contos maravilhosos infantis e domésticos*. 2v. São Paulo: Cosac Naify, 2012.]
GUNTRIP, H. *Personality Structure and Human Interaction*. New York: International Universities Press, 1961.
HABERMAS, J. *Théorie de l'agir communicationnel*. 2v. Paris: Fayard, 1987. [Ed. bras.: *Teoria do agir comunicativo*. 2v. São Paulo: WMF Martins Fontes, 2012.]
HEGEL, G. *Phénoménologie de l'esprit*. Paris: Aubier, 1991. [Ed. bras.: *Fenomenologia do espírito*. Petrópolis: Vozes, 2011.]
HELVÉTIUS, C. A. *Traité de l'esprit. Oeuvres complètes*. t.I e II, 1827.
HINDE, R.A. *Biological Bases of Human Social Behavior*. New York: McGraw Hill, 1974.
HIRSCHMAN, A. *Les Passions et les intérêts*. Paris: PUF, 1980. [Ed. bras.: *As paixões e os interesses. Argumentos políticos a favor do capitalismo antes de seu triunfo*. Rio de Janeiro: Record, 2002.]
HOBBES, T. *Leviathan*. Paris: Sirey, 1971.

HORNEY, K. *La Personnalité névrotique de notre temps.* Paris: L'Arche, 1953. [Ed. bras.: *A personalidade neurótica do nosso tempo.* São Paulo: Civilização Brasileira, 1959.]

HUGO, V. *Critique.* Paris: Laffont, 1985.

HUSTON, N. *Tombeau de Romain Gary.* Arles: Actes Sud, 1995.

JAMES, W. *Principles of Psychology.* t.I. New York: Holt, 1904.

JONES, E. *Sigmund Freud.* 3v. Londres: The Hogarth Press, 1953-1957. [Ed. bras.: *A vida e a obra de Sigmund Freud.* 3v. Rio de Janeiro: Imago, 1989.]

JUNG, C. G. *Dialectique du moi et de l'inconscient.* Paris: Gallimard, 1964.

KANT, E. *Idée d'une histoire universelle au point de vue cosmopolitique.* In: *Oeuvres philosophiques.* t.II. Paris: Gallimard, 1985.

_____. *Anthropologie du point de vue pragmatique, Doctrine de la vertu.* In: *Oeuvres philophiques.* t.III. Paris: Gallimard, 1986. [Ed. bras.: *Antropologia de um ponto de vista pragmático.* São Paulo: Iluminuras, 2006.]

KLEIN, M. *Writings.* t.I, 1921-1945. Londres: The Hogarth Press, 1975.

_____. *Writings.* t.III, 1946-1963, Londres: The Hogarth Press, 1975.

KOJÈVE, A. *Introduction à la lecture de Hegel.* Paris: Gallimard, 1979. [Ed. bras.: *Introdução à leitura de Hegel.* Rio de Janeiro: Contraponto/Eduerj, 2002.]

LA BRUYÈRE, J. de. *Oeuvres complètes.* Paris: Gallimard, 1951.

LACAN, J. *Écrits.* Paris: Éd. Du Seuil, 1966. [Ed. bras.: *Escritos.* Rio de Janeiro: Zahar, 1998.]

LAPLANCHE, J.; PONTALIS, J.-B. *Vocabulaire de la psychanalyse.* Paris: PUF, 1967. [Ed. bras.: *Vocabulário de Psicanálise.* São Paulo: Martins Editora, 2001.]

LA ROCHEFOUCAULD, F. de. *Maximes.* Paris: Garnier, 1972.

LÉVINAS, E. *Entre nous.* Paris: Grasset, 1991. [Ed. bras.: *Entre nós – ensaio sobre a alteridade.* Petrópolis: Vozes, 2006.]

MACHIAVEL, N. *Le Prince.* Paris: Flammarion, 1980.

MAHLER, M.; PINE, F.; BERGMANN A. *La Naissance psychologique de l'être humain.* Paris: Payot, 1980.

MEAD, G. H. *L'Esprit, le soi et la société*. Paris: PUF, 1963.
MELVILLE, H. *Pierre, ou les Ambiguïtés*. Paris: Gallimard, 1967.
MITCHELL, S. A. *Relational Concepts in Psychoanalysis*. Cambridge, Mass.: Harvard University Press, 1988.
MONTAIGNE, M. de. *Essais*. 3v. Paris: PUF, 1992.
MORITZ, K. P. *Anton Reiser*. Paris: Fayard, 1986.
_____. *Shriften zur Aesthetik und Poetik*. Tübingen: Niemeyer, 1962.
MUCCHIELLI, A. *Les Motivations*. Paris: PUF, 1992.
NIETZSCHE, F. *La Volonté de puissance*. Paris: LGE, 1991. [Ed. bras.: *Vontade de potência*. Petrópolis: Vozes, 2011.]
_____. *Le Gai savoir*. Paris: Gallimard, 1971. [Ed. bras.: *A ciência gaia*. São Paulo: Companhia das Letras, 2001.]
NOUVEAU TESTAMENT. Paris: Gallimard, 1971.
NUSSBAUM, M. *Need and Recognition, The Gifford Lectures*, 1993 (manuscrito).
PASCAL, B. *Pensées*. Paris: Garnier, 1964.
PIAGET, J. *La Formation du symbole chez l'enfant*. Paris-Neuchâtel: Delachaux et Niestlé, 1945. [Ed. bras.: *A formação do símbolo na criança*. São Paulo: LTC, 2010.]
PLATÃO. *Le Banquet, La République*. In: *Oeuvres complètes*. t.I. Paris: Gallimard, 1950.
PROUST, M. *A la recherche du temps perdu*. 4v. Paris: Gallimard, 1987-1989. [Ed. bras.: *Em busca do tempo perdido*. 3v. Rio de Janeiro: Ediouro, 2002.]
ROUSSEAU, J.-J. *Dialogues, Rêveries, Letres à Malesherbes*. In: *Oeuvres complètes*. t.I. Paris: Gallimard, 1959.
_____. *La Nouvelle Héloïse*. In: *Oeuvres complètes*. t.II. Paris: Gallimard, 1964. [Ed. bras.: *Júlia ou A Nova Heloísa*. São Paulo: Hucitec, 2006.]
_____. *Discours sur l'origine de l'inégalité*. In: *Oeuvres complètes*. t.III. Paris: Gallimard, 1964. [Ed. bras.: *Discurso sobre a origem e os fundamentos da desigualdade entre os homens*. São Paulo: Martins Editora, 2005.]
_____. *Emile*. In: *Oeuvres complètes*. t.IV. Paris: Gallimard, 1969. [Ed. bras.: *Emílio ou Da Educação*. São Paulo: Martins Editora, 2004.]

ROUSSEAU, J.-J. *Essai sur l'origine des langues*. Paris: Gallimard, 1990. [Ed. bras.: *Ensaio sobre a origem das línguas*. Campinas: Editora Unicamp, 2003.]

SADE, D. A. F. de. *La Philosophie dans le boudoir*. In: *Oeuvres complètes*. t.XXV. Paris: Pauvert, 1968.

SAINT-EXUPERY, A. de. *Lettre à un otage*. In: *Écrits de guerre*. Paris: Gallimard, 1982. [Ed. bras.: *Escritos de guerra*: 1939-1944. Rio de Janeiro: Nova Fronteira, 1984.]

SARTRE, J.-P. *L'Être et le Néant*. Paris: Gallimard, 1979. [Ed. bras.: *O ser e o nada* – ensaio de ontologia fenomenológica. Petrópolis: Vozes, 2005.]

_____. *Les Mots*. Paris: Gallimard, 1964. [Ed. bras.: *As palavras*. Rio de Janeiro: Nova Fronteira, 2005.]

SCHAFFER, H. R. *The Child's Entry in the Social World*. Londres: Academic Press, 1984.

SCHOPENHAUER, A. *Aphorismes sur la sagesse dans la vie*. Paris: PUF, 1964. [Ed. bras.: *Aforismos para a sabedoria de vida*. São Paulo: WMF Martins Fontes, 2002.]

SHAKESPEARE, W. *Richard III*. In: *Complete Works*. t.II. Londres: Colins, 1958.

SMITH, A. *The Theory of Moral Sentiments*. Oxford: Clarendons Press, 1976. (tr. fr.: *Théorie des sentiments moraux*. Plan de la Tour: Éd. d'aujourd'hui, 1982). [Ed. bras.: *Teoria dos sentimentos morais*. São Paulo: WMF Martins Fontes, 1999.]

SPERBER, M. *Alfred Adler et la psychologie individuelle*. Paris: Gallimard, 1972.

SPINOZA, B. *Éthique*. Paris: Éd. du Seuil, 1988.

STEELE, S. *The Content of Our Character*. New York: Harper Perennial, 1991.

SULLIVAN, H .S. *The Interpersonal Theory of Psychiatry*. New York: Norton, 1953.

TAYLOR, C. *Multiculturalism and "The Politics of Recognition"*. Princeton: Princeton University Press, 1992.

TODOROV, T. *Mikhaïl Bakhtine. Le principe dialogique*. Paris: Éd. du Seuil, 1981.

TODOROV, T. *Poétique de la prose, choix*. Paris: Éd. du Seuil, 1980. [Ed. bras.: *Poética da prosa*. São Paulo: Martins Editora, 2003.]

TSVÉTAEVA, M.; RILKE, R. M.; PASTERNAK, B. *Correspondance à trois*. Paris: Gallimard, 1983.

VOELKE, A. J. *Les Rapports avec autrui dans la philosophie grecque*. Paris: Vrin, 1961.

WATZLAWICK, P. et al. *Une logique de la communication*. Paris: Éd. du Seuil, 1972.

WILDE, O. *The Artist as Critic*. Chicago: University of Chicago Press, 1982.

WINNICOTT, D.W. *Processus de maturation chez l'enfant*. Paris: Payot, 1987.

Índice onomástico

A
Abraham (K.), 96
Adler (A.), 54-9, 130, 156
Agostinho (Santo), 211
Aristófanes, 27
Aristóteles, 27, 32, 107, 164

B
Bachofen (J. J.), 56, 67
Bakhtin (M.), 39, 167, 181, 203
Balint (A.), 67-8, 109
Balint (M.), 53, 67-8, 70, 73, 92, 98, 105-6, 109, 112
Bataille (G.), 60-6, 81, 136
Baudelaire (Ch.), 204
Beckett (S.), 165
Bettelheim (B.), 68
Blanchot (M.), 60, 62-3
Bonald (L. de), 74

Borges (J. L.), 165
Bowlby (J.), 71, 112
Buber (M.), 67, 199

C
Chateaubriand (F.-R. de), 134
Cícero, 27
Constant (B.), 206

D
Deussen (P.), 165
Diderot (D.), 23, 204
Dostoiévski (F.), 12, 123, 139
Dupuy (J.-P.), 36-7, 65

E
Edelman (M.), 125
Elias (N.), 94
Ellison (R.), 93

F
Fairbairn (W. R. D.), 68, 70, 88, 95, 113-4, 164, 190
Fechner (G.-Th.), 80
Ferenczi (S.), 67
Feuerbach (L.), 66
Flahault (F.), 13, 158
Fontane (Th.), 131
Freud (A.), 131
Freud (S.), 51, 53-6, 59, 67-71, 77-80, 83, 87, 96, 129-30, 133, 136, 143, 146, 164, 176, 179, 200
Fromm (E.), 68-70, 82
Fukuyama (F.), 127

G
Gary (R.), 148, 153, 186-8, 211
Gide (A.), 150
Girard (R.), 66
Grass (G.), 134
Grimm (irmãos), 134
Guntrip (H.), 113

H
Habermas (J.), 67
Harlow (J.), 96
Hegel (G.), 40-51, 54, 62, 105, 115, 117, 128, 138
Helvétius (Cl.-A.), 23, 51, 60
Hirschman (A.), 37
Hitler (A.), 138
Hobbes (Th.), 17, 19-20, 25, 34, 51, 105

Holbach (P.-H. d'), 23
Horney (K.), 68, 137
Hugo (V.), 83-4, 93

J
James (H.), 195
James (W.), 92, 118, 122, 133, 164, 194
Joubert (J.), 134
Jung (C.-G.), 141, 164, 192-3

K
Kant (I.), 20-3, 25, 36, 51-4, 77-8, 155, 207, 209
Klein (M.), 67, 112, 176-8, 189
Kojève (A.), 40-6, 48-51, 138

L
La Bruyère (J. de), 16, 18
Lacan (J.), 70, 178, 190
Laplanche (J.), 79-80
La Rochefoucauld (F. de), 13, 18-20, 22-5, 30, 34, 38, 51, 59, 121, 140, 150, 154, 164, 177, 186
Lévinas (E.), 67

M
Mahler (M.), 95
Mandeville (B.), 34, 38
Maquiavel (N.), 17
Margolis (A.), 136
Mead (G.-H.), 39, 203
Melville (H.), 164

Montaigne (M. de), 16, 18, 29, 38, 57, 164
Montesquieu (Ch. de), 25
Moritz (K. Ph.), 85, 90-1, 122-3, 139, 184, 198

N
Nietzsche (F.), 24, 26, 63, 74, 105

P
Pascal (B.), 17-9, 164
Piaget (J.), 95, 97
Platão, 27-9, 164
Pontalis (J.-B.), 79-80
Proust (M.), 12, 171, 174-5, 177, 179

R
Rolland (R.), 146
Rousseau (J.-J), 11, 28-34, 36-8, 40-3, 45, 50-1, 56, 66, 86, 95, 115, 125, 127, 143, 147, 204, 209, 211

S
Sade (D. A. F. de), 23, 60-2, 64, 136
Saint-Exupéry (A. de), 205
Sartre (J.-P.), 103, 131, 137
Schaffer (H. R.), 98
Schiller (F. von), 77
Schopenhauer (A.), 20, 87, 89
Shakespeare (W.), 12, 137
Smith (A.), 34-42, 65, 93, 115, 121, 128, 149, 188
Sófocles, 12
Spinoza (B.), 80
Stalin (J.), 138
Steele (Sh.), 192
Sullivan (H. S.), 68

T
Taylor (Ch.), 33
Tsvétaeva (M.), 154

W
Wilde (O.), 198
Winnicott (D.), 70, 95

SOBRE O LIVRO

Formato: 14 x 21 cm
Mancha: 23 x 44 paicas
Tipologia: Venetian 301 12,5/16
Papel: Pólen Soft 80 g/m² (miolo)
Cartão Supremo 250 g/m² (capa)
1ª *edição*: 2014

EQUIPE DE REALIZAÇÃO

Edição de texto
Nair Hitomi Kayo (Copidesque)
Fabiano Calixto (Revisão)

Capa
Estúdio Bogari

Editoração eletrônica
Eduardo Seiji Seki

Assistência editorial
Jennifer Rangel de França

Rua Xavier Curado, 388 • Ipiranga - SP • 04210 100
Tel.: (11) 2063 7000 • Fax: (11) 2061 8709
rettec@rettec.com.br • www.rettec.com.br